회계원리

ACCOUNTING PRINCIPLES

김확열 | 최상문

무역경영사

2판 머리말

회계원리를 출간한 지 벌써 2년이 지나 그동안 강의하면서 부족하거나 잘못된 부분을 수정할 생각이었으나 본인의 게으름으로 인해 이번에 한꺼번에 수정하게 되었습니다. 수정한 부분은 아래 3가지로 요약할 수 있습니다.

첫째, 책 구성을 5부에서 3부로 축소하였습니다. 즉, 제1부에서 제4부까지를 모아 재편성하여 1~3부로 묶고, 제5부 종합사례는 제3부로 남기고, 제14장 중소기업회계기준과 재무제표는 삭제하였습니다.

둘째, 회계학을 처음 배우는 학생들에 맞게 많은 부분을 삭제하여 분량이 주는 부담을 줄였습니다. 즉, 제3부 영업활동과 제4부 투자 및 재무활동 관련 부분을 결산에 필요한 부분만 제6장에 기술하였습니다.

셋째, 복식기장과 관련된 중복되는 부분을 제2부 제5장 회계순환과정에 요약 · 정리하였습니다.

2년 동안 부족한 책을 가지고 열심히 공부한 많은 학생들에게 다시 한 번 감사드립니다.

2020년 2월 끝자락

코로나19가 빨리 끝나기를 바라며,

김 확 열

머리말

1983년 3월 2일 대학입학과 시작된 최상문 교수님과의 인연은 30여년이 지난 지금까지 이어져 오고 있다. 지금까지 같이 한 여행은 중국 티베트, 남미 버스여행, 이태리 와인여행, 캐나다 로키일주 등 수 없이 많았고, 서로 주고받은 술잔은 헤아릴 수 없을 정도로 많지만, 책을 같이 쓴 것은 『중국의 회계와 세무(2004)』와 『Principles of Accounting(2011)』 이어 세 번째이다.

회계는 기업 및 자본주의와 소통하는 언어이므로 그 기본원리인 회계원리는 회사의 경리 직원부터 회계전문가인 공인회계사까지 습득해야 할 기업언어이다.

본서는 최교수 님의 『회계학기초』를 기본 구조로 해서 한국의 GAAP인 한국채택 국제회계기준, 일반기업회계기준 및 중소기업회계기준에서 공통점을 도출하여 회계의 핵심원리를 구축하려고 노력하였다. 또한 본서는 종합사례를 중심으로 계속 반복 학습함으로써 실제 회계담당부서에서 회계기록과 재무제표 작성에 유용하다고 본다.

본서는 제5부로 구성되어 있다. 제1부에서는 회계의 기초개념, 회계요소와 회계등식, 경영활동과 손익계산을 다루고 있다. 그리고 제2부에서는 제1부의 회계 기초개념을 기초로 해서 계정, 복식기장 및 결산 등 회계순환과정을 상세히 기술하고 있다. 한편 제3부는 제2부의 회계순환과정을 기초로 상품매매업의 영업활동의 회계처리에 대해 언급하고 있다. 제4부는 투자활동과 재무활동의 회계처리에 대해 기술하였으며, 마지막 제5부는 지금까지 배운 회계원리 지식을 기반으로 회계실무를 경험할 수 있는 종합사례를 2문제 이해하고 마지막으로 중소기업회계기준에 언급된 재무제표에 대해 상세하게 설명하고 있다.

2017년 12월 동지지나
김확열 씀

차 례

제1부

제2부

제3부

제1부

제1장 회계의 기초개념

제2장 재무제표, 회계요소와 회계등식

제3장 경영활동과 손익계산

제1장 회계의 기초개념

제1절 회계의 정의

2014년에 인기리에 방영된 tvN의 드라마 〈미생〉 7회를 보면 회계가 무엇인지 알 수 있다.[1]

> **재무부장**: 전공이 뭐였지?
> **안영이**: 정치외교학과입니다.
> **재무부장**: 어울려. 회계공부는 따로 했나?
> **안영이**: 하고 있습니다.
> **재무부장**: 그래, 빨리 배워둬.
> **안영이**: (이유를 몰라 물끄러미 바라만 본다)
> **재무팀장**: 회계는 경영의 언어(language of business)[2]이니까.

회계를 경영의 언어(또는 기업의 언어)라고 하는 이유는 회계가 기업의 정보를 주주, 채권자 및 정부 등 이해관계자에게 제공하는 수단이기 때문이다. 기업은 조직형태에 따라 개인기업, 조합 및 주식회사로 나누어지며, 업종에 따라 상품매매업, 제조업 및 서비스업으로 구분할 수 있다.

회계란 국어사전에서는 "나가고 들어오는 돈을 따져서 셈을 함"이라고 정의하고 있다. 영어로는 Accounting이라고 하여 Account(회계의 계산단위인 계정)에서 하는 기록 · 계산활

1) YouTube, 미생 7회 "회계는 경영의 언어다"
2) YouTube, "What is Accounting-Accountophobia"

동을 말하고 있으며, 한자로는 會計(회계)라고 쓰고 "모아서 계산하다"라는 의미를 가지고 있다. 그러므로 회계는 기업의 돈을 기록하고 계산하는 것이다.

일반적으로 사용되는 회계에 대한 정의는 "회계는 정보이용자가 합리적인 의사결정을 할 수 있도록 경제적 정보를 인식하고 측정하여 전달하는 과정이다."라는 미국회계학회 정의이다.

정보이용자란 기업의 이해관계자를 말하며, 그 이해관계는 돈으로 얽혀 있는 관계를 말한다. 그러므로 정보이용자의 의사결정이란 회계단위와의 관계를 계속 유지(Go)할 것인가 아니면 관계를 계속하지 않을(Stop) 것인가를 결정하는 것이다. 그런 의사결정이 합리적으로 이루어질 수 있도록 유용한 정보를 제공하는 데 목적이 있다.

인식, 측정 및 전달은 회계의 3대 기능으로서 인식(recognition)이란 기록하는 시점을 말하고, 측정(measurement)은 가격을 매기는 것을 말하며, 전달(reporting)은 정보이용자가 이해할 수 있도록 재무제표(financial statements)를 통해서 기업의 재무상태와 경영성과를 알려주는 것을 말한다.

오늘날 경제사회에서 가장 대표적인 경제주체는 가계나 정부보다 기업이다. 기업은 경영활동의 결과를 재무제표로 작성해 기업의 이해관계자들에게 유용한 정보를 제공한다. 따라서 회계를 경영의 언어라고도 한다. 기업의 3가지 경영활동은 필요한 자금을 조달하는 재무활동(financial activities)과 조달한 자금을 경영에 필요한 자원을 구입하는 데에 활동하는 투자활동(investment activities), 그리고 경영의 목적을 달성하는 데 필요한 상품의 판매 또는 서비스의 제공과 관련된 영업활동(operating activities)으로 구성된다. 그러므로 회계는 3가지 경영활동을 숫자(돈)로 나타내고 있으므로 재무제표를 통해 기업의 경제적 정보를 식별할 수 있는 능력을 기를 수 있다.

기업의 경우 회계정보이용자는 크게 주주나 채권자, 경영자 및 국세청으로 나눌 수 있다. 투자자인 주주나 채권자는 기업의 이익이 많이 나서 계속적으로 배당이나 이자를 받을 수 있는가에 대한 정보가 필요할 것이고 경영자는 기업의 효율적인 운영을 위해 정확한 이익에 대한 정보가 필요할 것이다. 한편 국세청은 기업이 세금을 적게 내기 위해 이익을 적게 신고하지 않는가에 대한 정보가 필요할 것이다.

기업회계는 회계정보이용자에 따라 재무회계(financial accounting), 관리회계(managerial accounting) 및 세무회계(tax accounting)로 나눌 수 있다.

재무회계(financial accounting)는 기업의 이해관계자들과의 관계의 Go/Stop 결정에 도움이 되는 정보를 제공하는 데 목적이 있으며, 그것은 주로 재무제표(Financial Statements)를 통해서 보고한다.

관리회계(managerial accounting)는 기업의 경영자가 효율적 관리를 위해 필요한 정보를 제공하는 데 목적이 있으며, 주로 원가정보가 대표적인 것이다.

세무회계(tax accounting)는 기업이 국세청 또는 지방자치단체에 납부해야 하는 세금을 계산하는 데 목적이 있으며, 회계상 당기순이익을 세법상 소득(Income)으로 전환하는 작업인 세무조정을 말한다.

제2절 회계적 사고

2.1 회계적 사고의 틀

1) 2진법 사고법(binary thinking)

2진법이란 전기에서의 +(양)와 −(음)를 말하고, 자기에서의 S(남)와 N(북)이라는 「두 개밖에 없는」 상태를 숫자의 0 과 1에 대응시켜 표시하는 방법이며, 2진법 사고법이란 하나의 현상이 내면에서 서로 반대되는 두 개의 속성을 가진다는 생각법이다. 모든 현상은 양(+)의 측면과 동시에 음(−)의 측면을 가지고 있다는 것이다.

2) 균형(balance)

2진법으로 표시된 모든 현상은 결국에는 같다는 것이다. 음과 양, 빛과 그림자, 낮과 밤, 높고 낮음, 앞과 뒤, 상승과 하락, 전진과 후퇴, 들어옴과 나감, 왼쪽과 오른쪽, 변화와 정지, 스톡과 플로, 증가와 감소 등 모든 현상은 한 현상을 달리보는 것으로서 원래 같다는 사고법이다.

그러므로 회계적 사고의 틀은 어떤 하나의 현상을 두 가지 서로 반대되는 속성을 가진 요소로 나누어 대비시켜, 평형을 이루어 사고하는 것이다. 다시 말하면 왼쪽과 오른쪽의 두 개의 면(two field or space)으로 나누어 사고를 한다는 특징을 갖는다.

2.2 스톡과 플로

플로(flow)는 댐에서 수문이 열려져 있어 흘러나오는 물을 말하며, 스톡(stock)은 수문을

닫았을 때 댐에 쌓여 있는 물을 말한다. 기업에 들어오고 나가는 돈은 플로이고 들어오고 나가는 것을 막아 현재 있는 돈을 스톡이라고 볼 수 있다. 회계에서 스톡은 일정시점에 기업이 가지고 있는 경제적 자원(부, 가치창출의 잠재력, 생산능력 등)으로서 재무상태(financial positions)라고 표현하며, 플로는 그 재무상태의 변동을 말한다.

회계에서 플로라는 개념을 사용하기 위해서는 일정한 기간(period)이 필요하고 스톡이라는 개념을 사용하기 위해서는 시점(time)이 필요하다. 회계에서 그 일정한 기간을 회계기간(accounting period)이라고 하며, 회계기간이 1년일 때에는 회계연도(fiscal year: FY)라고 한다. 기업에 따라 회계기간을 달리 정할 수 있으나 우리나라는 보통 1월 1일부터 12월 31일까지를 사용하고 미국과 영국은 7월 1일부터 그 다음연도 6월 30일까지 사용하고 있다. 회계연도는 당해연도는 당기(當期), 직전연도는 전기(前期), 다음연도는 차기(次期)라는 용어를 사용하고 당해연도의 시작시점을 기초(期初), 끝나는 시점을 기말(期末)이라고 한다.

2.3 혈액순환과 자금순환

기업의 돈(자금)은 사람의 피(혈액)에 해당한다. 사람의 피가 정맥(우심실)에서 모아 동맥(좌심방)으로 순환되듯이 기업도 자금을 조달해서 기업에 필요한 건물이나 트럭 등을 구입하거나 종업원 급료를 지급하는 등 다양하게 사용된다. 그러므로 기업의 자금순환은 사람의 혈액순환과 마찬가지로 동맥경화(부도)와 같은 막힘없이 원활하게 흘러가야 한다.

2.4 회계의 기본가정

1) 회계실체의 가정(accounting entity assumption)

기업은 기업주의 가계에 속하는 재산과 구별하여 기업의 재무상태를 별도로 기록 · 계산하여야 한다. 이때 그 기록 · 계산의 범위를 회계단위(accounting unit)라고 한다. 한 기업의 회계단위는 하나인 것이 원칙이나, 한 기업이 본점과 지점으로 구분되어 있는 경우에는 본점과 지점이 각각 하나의 회계단위로서 기록 · 계산할 수 있으며, 제조업에 있어서는 본사와 공장이 각각 독립된 회계단위가 될 수도 있다. 회계는 회계단위를 먼저 설정하여 여기에서 생기는 기업재산의 변동을 그 발생순서에 따라 기록 · 계산하는 것이다.

2) 계속기업의 가정(going concern assumption)

기업은 그 목적과 의무를 충분히 이행할 정도로 계속된다고 가정한다. 즉, 기업은 청산하거나 경영을 축소할 의도가 없을 뿐만 아니라 청산을 해야 하는 상황도 없다는 것이다.

3) 기간별 보고의 가정(periodicity assumption)

기업의 경영활동은 계속적으로 이루어진다. 그리고 오늘날의 기업은 특별한 사정이 없는 한 영업활동은 무한히 계속된다고 가정하고 있으므로, 기업은 인위적으로 일정한 기간을 설정하여 기업의 재무상태나 경영성과를 명백히 계산하고, 이에 대한 정보를 정기적으로 알려 주어야 한다.

4) 발생기준회계의 가정(accrual basis assumption)

회계에서 기간별 수익과 비용을 확정하는 방법에는 현금기준과 발생기준이 있다.

현금기준(cash basis)은 현금의 수입이 있으면 수익으로 보고, 현금의 지출이 있으면 비용으로 보아 당기순이익을 계산하는 방법이다.

발생기준(accrual basis)은 현금의 수입이나 지출과 상관없이 수익과 비용의 발생 여부에 따라 수익과 비용으로 인식하여 당기순익을 계산하는 방법이다.

그러므로 발생기준은 기업의 기간별 경영성과를 정확하게 계산하기 위한 회계의 기본가정이다.

2.5 회계정보의 질적 특성

회계정보가 정보이용자에게 유용하기 위해서는 정보이용자의 의사결정 목적에 적합한 정보(목적적합성)가 되어야 하고 중대한 편의(bias)가 없이 충실하게 표현된 정보(충실한 표현)를 갖추어야 한다. 그리고 그 정보를 정보이용자가 쉽게 이해할 수 있어야 하고 기간별 · 기업별 비교가 가능해야 한다.

연습문제

1. 회계는 왜 경영의 언어인가?

2. 회계의 3가지 기능에 대해 설명하라.

3. 회계에서 구분하는 3가지 경영활동을 설명하라.

4. 기업회계는 정부회계나 가계회계를 주도하고 있는데, 기업회계를 정보이용자에 따라 3가지로 분류하여 그 차이를 설명하라.

5. 스톡과 플로 개념을 재무제표를 통해서 설명하라.

6. 회계적 사고의 틀을 인생에 적용시켜 설명하라.

7. 회계의 기본가정에 대해 설명하라.

8. 엄마가 집에서 작성하는 가계부는 현금기준과 발생기준 중 어느 것으로 작성하나?

9. 유용한 회계정보의 질적 특성에 대해 설명하라.

제2장 재무제표, 회계요소와 회계등식

제1절 재무제표

1.1 재무제표의 의의

회계의 목적은 회계정보이용자의 경제적 의사결정에 유용한 정보를 제공하는 것이다. 이런 회계의 목적을 달성하고 기업의 재산상태에 대한 정보와 수익성에 대한 정보를 정기적으로 보고하기 위하여 재무제표(financial statements)를 작성한다.

2014년에 인기리에 방영된 tvN의 드라마 〈미생〉 12회를 보면 '재무제표는 기업의 모든 것이다'라는 사실을 알 수 있다.

> 오차장: 요르단 쪽은 이 업체가 제일 낫네. 재무제표 양하고 실적 좋고 주변국으로 재수출 실적도 좋고 판로도 탄탄한 편이고 (장그래가 오차장 앉은 곳으로 살며시 다가가자) 보면 알아?
>
> 장그래: 저도 대강 아는데요. 재무제표만 빼고요.
>
> 오차장: 그게 단데, 그걸 빼면 어떡합니까? (놀리면서) 장팀장님…
> (장그래 무안해서 자기 자리로 돌아가고) 일단 한 번 쑥 훑어봐. 그리고 처음부터 다시 봐. 숫자 눈에 들어온다 싶으면 항목별로 쭉 살펴봐.
>
> 장그래: 예.
>
> 오차장: 숫자가 한 눈에 들어와야 돼. 액수의 단위, 달러로의 변환이 바로바로 이루어져야 돼.

재무제표는 관심 있는 회사의 홈페이지를 방문하여 기업정보, IR(Investor Relation) 등을 클릭하거나 금융감독원 전자공시시스템(http://dart.fss.or.kr)을 방문하여 구할 수 있다.

1.2 재무제표의 종류

재무제표란 아래의 4 표(statement)와 1 주석(note)을 말한다. 스톡과 플로의 관점에서 보면 재무상태표는 Stock 보고서로서 일정시점인 재무상태표일의 재무상태를 표시하지만, 다른 3가지 재무제표는 Flow 보고서로서 한 회계기간의 플로, 즉 손익계산서는 당기순이익(수익과 비용으로 표시), 자본변동표는 자본증감, 현금흐름표는 현금흐름을 나타낸다. 현금흐름표와 다른 재무제표의 차이는, 현금흐름표는 현금기준으로 작성된 재무제표이지만, 다른 재무제표는 발생기준을 중심으로 작성된 재무제표라는 차이가 있다.

1) 재무상태표

재무상태표(statement of financial position)란 기업의 특정시점의 재무상태, 즉 기업이 가지고 있는 재산이나 부채의 상태 및 소유주의 몫에 대한 정보를 제공하는 재무제표로서 지금까지 사용하던 대차대조표(balance sheet)를 IFRS에 맞추어 재무상태표로 명칭을 변경하였다.

2) 손익계산서

손익계산서(income statement: I/S)란 일정기간 기업의 경영성과, 즉 고객에게 재화를 공급하거나 서비스를 제공하는 경영활동의 결과로서 수익이나 비용의 발생 결과 당기순이익(경영성과)에 대한 정보를 제공하는 재무제표이다. 손익계산서는 기업의 회계정보이용자에게 기업에 관한 영업활동의 성과와 미래 당기순이익의 예측, 경영계획과 배당정책, 경영자의 경영성적 등의 여러 가지 유용한 정보를 제공하고 있다.

3) 자본변동표

자본변동표(statement of changes in equity)는 기업의 자본의 변동내역을 표시한 재무제표로서 기업의 자본의 현황과 그 흐름을 파악할 수 있고 보이지 않는 수익과 비용을 좀 더 용이하게 파악할 수 있다. 자본변동표는 재무상태표와 손익계산서를 연결해 주는 재무제표로서 IFRS 도입으로 종전의 이익잉여금처분계산서를 대체하여 정식 재무제표로 포함되었다.

4) 현금흐름표

현금흐름표(statement of cash flow)는 일정기간 기업의 현금흐름을 영업활동, 투자활동 및 재무활동으로 구분하여 현금유입과 현금유출을 측정하고 그 결과 기말의 현금 보유액이 기초에 비해 얼마나 증가 또는 감소하였는지를 나타내는 재무제표이다. 현금흐름표는 발생주의 재무제표의 한계점을 보완하기 위해 작성되며, 발생주의 재무제표의 당기순이익이 현금흐름과 어느 정도 관련성이 있는지를 설명하는 이익의 질(Quality of Income)을 나타냄으로써 흑자도산을 예측할 수 있는 재무제표이다.

제2절 재무상태표

2.1 재무상태표의 구성요소: 3가지 회계요소

재무상태표는 자산, 부채 및 자본의 관계를 표시한 재무제표이고, 손익계산서는 수익과 비용의 차이인 당기순이익(또는 당기순손실)을 나타내는 재무제표이다. 재무상태표의 자산, 부채, 자본과 손익계산서의 수익과 비용을 회계의 5요소 또는 재무제표의 5요소라고 한다.

1) 자산

자산(assets)은 과거 거래나 사건의 결과로서 현재 기업실체에 의해 지배되고 미래에 경제적 효익(cash flow)을 창출할 것으로 기대되는 자원(economic resources)이다. 현금, 상품, 토지 등이 자산에 해당하며 상품을 판매하고 아직 받지 못한 외상대금인 매출채권도 자산에 해당한다. 영업권, 브랜드, 개발비, 회원권 등 무형자산도 자산이며, 연예기획사의 아이돌 연습생의 트레이닝비용도 개발비로 자산으로 처리하는 기업도 있다.

회계에서는 금전적 가치, 사용가치나 이익을 얻을 가능성(잠재력)이 있다고 모두 자산이 되는 것이 아니고 자산이 되기 위해서는 첫째, 그 가치가 화폐단위로 표시될 수 있어야 하고 일반적으로 인정된 회계기준(general accepted accounting principle: GAAP)에 따라 정해져야 하는 요건을 충족하여야 한다.

[그림 2-1] **자산의 요건**

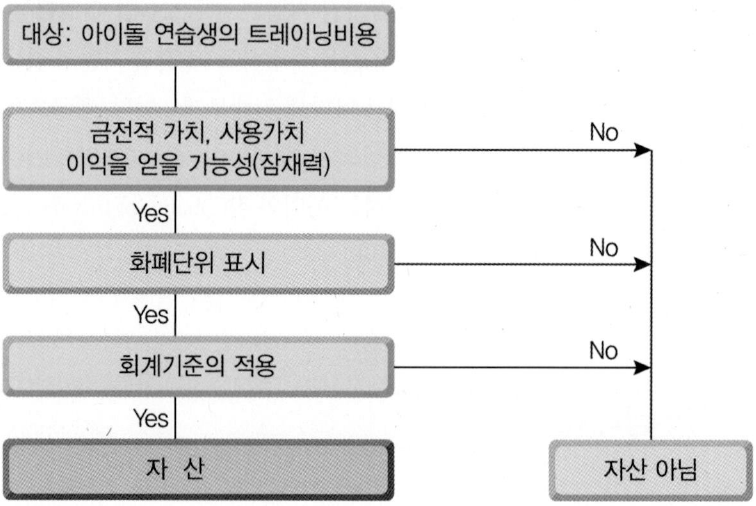

2) 부채

부채(liabilities)란 과거의 거래나 사건의 결과로 현재 기업실체가 부담하고 있고 미래에 자원의 유출(또는 사용)이 예상되는 의무이다. 외상으로 상품을 구입하고 갚을 의무가 있는 매입채무나 은행으로부터 빌린 돈인 차입금 등이 이에 해당한다.

3) 자본

자본(owner's equity, capital)이란 자산에서 부채를 제외한 잔액으로 순자산(net assets)이라고도 한다. 자본은 기업의 자산 중 주주 또는 출자자 몫에 해당하는 것으로 기업 자산에 대한 소유자의 청구권으로 주주지분(stockholder's equity)을 의미한다. 자본은 구체적인 실체를 갖는 것이 아니고 추상적이고 계수적인 소유관계를 표시한다.

자본에 포함되는 항목은 최초 출자한 금액인 자본금과 잉여금으로 구성되며, 잉여금에는 주주와의 거래로 발생하는 잉여금인 자본잉여금과 영업활동을 수행하여 얻은 이익 중 배당하지 않은 잔여분인 이익잉여금으로 구성된다.

2.2 자산 · 부채 · 자본의 관계: 재무상태표등식

기업에서 자금은 조달된 것을 사용하기 때문에 자금의 조달액은 자금의 사용액과 항상 일치하여야 한다. 따라서 다음과 같은 등식이 성립된다.

자금의 사용액 = 자금의 조달액

자금을 사용한 구체적인 형태인 자산과 자금조달 원천인 부채와 자본의 상호관계를 식으로 표시할 수 있다. 이 식을 '회계등식(accounting equation)'이라고 하며, 이 등식은 회계의 기본원리를 도출하는 중요한 등식이다. 이 회계등식은 회계주체를 소유주로 보는 소유주이론과 소유주와 별개의 실체로 보는 기업실체이론에 따라 달라진다.

기업실체이론에 의하면 부채를 채권자의 청구권, 자본은 소유주의 청구권으로 본다. 기업이 가지고 있는 자산의 총계는 그 자산에 대한 청구권의 총계와 항상 일치해야 하므로 기업의 자산에 대한 청구권이 채권자의 청구권과 소유주의 청구권으로 구분되므로 자본등식은 다음 식으로 변형된다.

자 산(A) = 부 채(L) + 자 본(C)	①

위의 등식(엄밀히 말하면 항등식)을 재무상태표등식(statement of financial position equation)이라고 하는데 자본등식과 같이 회계원리를 이해하는 데 중요한 등식이다. 이 등식에서 주의할 점은 자산을 왼쪽에 표시하고 부채와 자본은 오른쪽에 표시한다는 것이다.

회계에서는 왼쪽은 차변(debit)이라 부르고 오른쪽은 대변(credit)이라고 부름으로 앞으로는 왼쪽과 오른쪽이라는 표현 대신에 차변과 대변이라는 용어를 사용할 것이다.

재무상태표등식을 이용해서 자산을 차변에 적고 부채를 대변에 적으면 대변에서 그 차이인 자본을 파악할 수 있다.

재무상태표는 작성하는 시점별로 기업의 재무상태가 달라져서 재무상태표의 내용도 달라지므로 정태적(stock) 재무제표라고 한다.

한편, 소유주이론에 따르면 부채를 소극적 자산, 즉 마이너스 재산이라 보고 총자산에서 차감한 순자산, 즉 잔여재산을 소유주의 청구권인 자본으로 보는 것이다. 이것을 등식으로 표시하면 다음과 같다.

자 산 - 부 채 = 자 본 A(Assets) L(Liabilities) C(Capital)	②

이 등식으로 자본이 계산되므로 자본등식(capital equation)이라 한다.

예제 2-1

펭수는 자기돈 3백만원과 친구 뽀로로에게 빌린 돈 2백만원으로 Cafe P를 창업하였다. 재무상태표등식을 작성하라.

해답

자산	=	부채	+	자본
5백만원	=	2백만원	+	3백만원

자산, 부채와 자본과의 관계를 요약하면 자산은 미래에 돈을 벌 수 있는 가능성을 의미하고, 재산, 부, 자원, 잠재력, 생산력을 나타낸다. 조달된 자금을 사용하여 어떠한 형태로 남아 있는가, 즉 자금사용 후 남은 형태를 표시한다.

부채와 자본은 자산이 누구의 것인가를 나타내는 소유관계, 법률적 청구권, 지분을 의미한다. 그리고 자금을 어디서 조달하였는가, 즉 자금조달원천을 나타낸다.

[그림 2-2] **자산, 부채와 자본과의 관계**

자산	부채와 자본
• 미래에 돈을 벌 수 있는 가능성	• 자산이 누구의 것
• 재산, 부, 자원, 잠재력, 생산력	• 소유관계, 법률적 청구권, 지분
• 조달된 자금을 사용하여 어떠한 형태로 남아 있는가?	• 자금을 어디서 조달하였는가?
• 자금사용 후 남은 형태	• 자금조달원천

제3절 손익계산서

손익계산서(income statement: I/S)는 일정기간 동안에 기업이 얻은 경영성과를 나타내는 재무제표로 기업의 수익성을 파악할 수 있는 정보를 제공하며 수익과 비용 및 이익을 보여준다. '손실과 이익을 나타내는 계산서'를 줄인 말로서, 영미의 경우에는 Profit and Loss Statement 줄여서 P/L이라고 하여 이익과 손실에 대한 보고서라는 의미를 담고 있다. **이익(profit)**은 경영활동의 결과로 '자본이 증가한 것'을 말하며, **손실(loss)**은 경영활동의 결과로 '자본이 감소한 것'을 의미한다.

포괄손익계산서(statement of comprehensive income)는 경상적 · 반복적인 경영성과인 당기순이익뿐만 아니라 비경상적 · 비반복적인 기타포괄손익까지 포함하여 총포괄손익을 보여주는 재무제표이다.

3.1 손익계산서의 구성요소: 2가지 회계요소

수익(revenue)은 일정기간 동안 장사를 하여 벌어들인 돈(재산)이다. 다시 말해 수익은 영업활동으로 자본이 증가된 것으로, 기업이 가지고 있는 상품이나 서비스를 고객에게 제공하고 받은 현금이나 기타 자산 등을 말한다.

수익에 속하는 주요 항목을 살펴보면 주영업활동(core activities)에서 발생하는 수익인 매출과 영업활동 이외의 부수적인 활동(peripheral activities)에서 발생하는 부수수익인 임대료수익, 수수료수익, 이자수익, 자산처분이익 등을 예로 들 수 있다.

수익은 그냥 생기는 것이 아니다. 'give and take'라는 말처럼 '무엇인가를 얻기 위해서는 반드시 무엇인가를 주어야 한다.'

비용(expense)은 영업활동의 과정에서 수익을 얻기 위해 준 돈 또는 일정한 기간 동안 수익을 얻기 위하여 없어진 재산을 말한다. 다시 말해 비용이란 자본을 감소시키는 원인이 되는 것으로서, 수익을 얻기 위하여 희생된 또는 사용하여 없어진(소멸된) 현금, 상품, 서비스 등과 자산을 말한다. 이와 같이 '수익'은 자본증가의 원인이 되고, '비용'은 자본감소의 원인이 되는 것이다. 비용에 속하는 주요 항목을 살펴보면 매출원가, 급여, 임차료, 보험료, 이자비용 등을 예로 들 수 있다.

3.2 손익의 계산: 손익계산서등식

일정기간 동안 기업이 영업을 하여 이익이 발생했는가 손실이 발생했는가 하는 경영성과는 그 기간 동안 발생한 수익(총수익을 말함)에서 비용(총비용을 말함)을 차감함으로써 가장 잘 알 수 있다. 이때 수익이 비용보다 많으면 '당기순이익'이라 하고 반대로 수익이 비용보다 적으면 '당기순손실'이라 한다. 이를 등식화하여 보면 다음과 같다.

수 익	−	비 용	=	당기순이익

이 식은 다음과 같이 고쳐 쓸 수 있다.

수 익	=	비 용	+	당기순이익

그런데 수익은 자본증가의 원인이고 비용은 자본감소의 원인이므로 수익과 비용의 증감은 자본의 증감과 관련하여 기록해야 한다. 즉, 대차대조표등식인 자산 = 부채 + 자본에서 자본의 증가를 오른쪽에 기록한 것과 같이 자본의 증가를 초래하는 수익도 오른쪽에 기록하는 것이 체계적인 기록을 위해 타당할 것이다.

앞의 등식 수익 = 비용 + 당기순이익의 오른쪽과 왼쪽을 서로 맞바꾸어 고쳐 쓰면 수익이 오른쪽에 기록되게 된다.

비 용	+	당기순이익	=	수 익

회계에서는 이 등식을 바탕으로 하여 영업성적을 일정한 형식의 도표로 나타낼 수 있는데 이를 손익계산서라고 하며 이 등식을 손익계산서등식(income statement equation)이라고 한다. 이러한 관계를 나타내어 보면 다음과 같다.

차변				대변
비 용	+	당기순이익	=	수 익

예제 2-2

펭수는 Cafe P에서 커피를 팔아 1,000원이라는 돈을 벌었고 커피를 팔기 위해 쓴 돈이 600원이다. 손익계산서등식을 작성하라.

해답

차변				대변
비 용	+	당기순이익	=	수 익
600원	+	400원	=	1,000원

연습문제

1. 다음의 설명에 해당되는 회계요소는 무엇인가?

① 기업이 소유한 재산으로서 돈이 되는 것
② 기업이 경영활동 중에 남에게 진 빚으로 다음에 갚아야 하는 것
③ 자산 중에서 진짜 자기 자산
④ 기업에서 장사를 하여 벌인 돈
⑤ 기업에서 돈을 벌기 위해 쓴 돈

2. 재무제표는 재무상태표, 손익계산서, 자본변동표, 현금흐름표 및 주석으로 이루진다. 다음에 설명하는 재무제표는 무엇인가?

① 2년에 한 번씩 의료보험공단에서 받는 건강검진표
② 학생들이 시험을 치고 받는 성적표
③ 일정기간 자본의 증가와 감소를 보여주는 표
④ 일정기간 현금의 입금과 출금을 표시하는 표
⑤ 숫자 정보가 아닌 구체적인 설명이나 세분화된 정보

3. 포괄손익계산서는 손익계산서와 무엇이 다른가?

4. 2014년 인기리에 방영된 tvN의 드라마 〈미생〉 12회 오차장과 장그래의 재무제표 대화를 보고 작가가 재무제표에 대해 잘 못 제시된 점을 찾아 지적하라.

5. 재무제표, 회계요소와 회계등식의 관계를 설명하라.

6. 아래의 제목은 모 방송국의 뉴스 기사 제목으로 사용한 것인데, 문맥에 적합하게 회계용어로 수정하라.

1) 전당대회, 재무상태표
2) 한미 정상회담, 재무상태표

제3장 경영활동과 손익계산

제1절 경영활동과 재산의 변화

기업이 영업활동을 수행함에 따라 기업이 가지고 있는 재산은 증감을 하면서 변화해간다. 이와 같이 재산은 기업의 영업활동에 따라 증감하지만 어떠한 경우에도 자산총액과 부채와 자본을 합한 금액은 항상 일치한다.

기본자료 1

펭수는 명예퇴직 후 퇴직금으로 24시 편의점 Anytime을 창업하였다. 창업한 1월의 경영활동은 다음과 같다. 아래의 경영활동에 대해 재무상태표등식을 작성하라.

① 1월 1일 창업: 현금 10,000원을 투자하여 편의점을 창업하다.
② 1월 10일 차입: 은행으로부터 현금 5,000원 빌리다.
③ 1월 15일 구매: 상품 2개를 현금 2,000원을 주고 구매하다.
④ 1월 20일 판매: 상품 1개를 현금 2,000을 받고 판매하다.
⑤ 1월 30일 경비: 급여 100원, 임차료 100원, 이자비용 100원 합계 300원을 현금으로 지급하다.

① 1월 1일 설립: 현금 10,000원을 투자하여 편의점을 창업하다.

1월 1일 설립시 재산상태를 보면 자산은 사업주가 투자한 현금 10,000원뿐이다. 재무활동으로 인한 현금은 펭수 자신의 소유이므로 자본이 되고, 편의점 Anytime에는 자산이 된다.

자산	=	부채	+	자본
+10,000원	=		+	+10,000원

② 1월 10일 차입: 은행으로부터 현금 5,000원 빌리다.

1월 10일 재무활동으로 은행으로부터 현금 5,000원을 빌릴 경우 편의점 Anytime에는 현금 5,000원은 자산이 되지만, 나중에 펭수가 갚아야 할 부채 5,000원이 된다.

자산	=	부채	+	자본
+5,000원	=	+5,000원		

③ 1월 15일 구매: 상품 2개를 2,000원 주고 구매하다.

1월 15일 영업활동을 위해 상품을 구입하면 상품이라는 자산이 2,000원 증가하면서 그 대가로 현금을 지급하니 자산이 2,000원 감소한다. 자산의 구성은 현금에서 상품으로 '구성의 변화'는 있었으나 자산의 '총액의 변화'는 없다. 그리고 자산 2,000원에 대한 소유관계는 변화가 없으므로 부채와 자본은 변화가 없다.

자산	=	부채	+	자본
+2,000원 -2,000원	=			

④ 1월 20일 판매: 상품을 1개를 현금 2,000을 받고 판매하다.

1월 20일 영업활동으로 상품을 판매하고 그 대금 2,000원을 현금으로 받은 경우에는 편의점 Anytime 입장에서는 상품 1,000원이 나가고 현금 2,000원이 들어오게 되므로, 자산에서 상품 1,000원이 감소하고 그 대신 현금 2,000원이 들어와 '자산구성의 변화'가 발생하고 자산이 증가한 1,000원만큼은 소유주의 지분인 자본이 증가하여야 한다. 결과적으로 자본 1,000원의 증가는 자본 2,000원 증가와 자본 1,000원 감소를 합한 결과이다. 증가된 자본 2,000원은 수익이라 하고 감소된 자본 1,000원은 비용이라고 한다. 수익은 자산의 증가를 가져오고 비용은 자산의 감소를 가져온다.

자산	=	부채	+	자본
+2,000원	=			+2,000원
-1,000원	=			-1,000원

⑤ 1월 30일 경비지급: 급여 100원, 임차료 100원, 이자비용 100원 합계 300원을 현금으로 지급하다.

1월 30일 엽업활동으로 경비인 급여 100원, 임차료 100원, 이자비용 100원 합계 300원을 현금으로 지급하면 현금 300원이 감소하게 된다. 이 경우 자산인 현금 300원이 감소하게 되면 자본도 300원 감소하여야 한다. 이를 비용이라고 하며, 비용은 자본의 감소를 가져온다.

자산	=	부채	+	자본
-300원	=			-300원

월말 재산상태가 어떤지를 알려면 월말의 재무상태표를 보면 된다. 월말 자산은 현금 14,700원과 상품 1,000원이 있으며, 이것은 은행에서 차입한 부채 5,000원과 자본 10,700원으로 구성되어 있음을 재무상태표로서 쉽게 알 수 있다.

일자	자산	=	부채	+	자본
1.1	+10,000원	=		+	+10,000원
1.10	+5,000원	=	+5,000원		
1.15	+2,000원 -2,000원	=			
1.20	+2,000원 -1,000원	= =			+2,000원 -1,000원
1.30	-300원	=			-300원
합계	자산 15,700원	=	부채 5,000원	+	자본 10,700원

제2절 손익의 계산

손익은 일정기간 동안에 발생한다. 회계에서는 손익을 계산하는 일정기간을 회계연도 또는 회계기간, 영업연도라고 표현하며 보통은 1년이다. 우리나라의 경우 많은 기업이 1월 1일부터 12월 31일까지를 회계연도로 정하고 있다. 앞의 예시에서는 1월 1일부터 1월 31일까지 1개월이다.

2.1 재산법

일정기간 동안 영업활동을 한 결과 재산이 얼마나 증감하였는지를 알려면 기초와 기말의 재산상태를 비교하여야 한다. 위 예시의 경우 월초와 월말의 재무상태를 비교하여야 한다. 결국 기초자본과 기말자본을 비교해서 증가한 부분이 당기순이익이 되고 반대로 감소하면 당기순손실이 되는 것이다. 이와 같이 이익을 계산하는 방법을 회계에서는 자본유지접근법(capital maintenance approach) 또는 **재산법(assets and liabilities method)**이라 한다.

재산법에 따른 이익산출 공식:

기말자본	−	기초자본	=	당기순이익

[기본자료 1]에서 한 달 동안에 편의점 Anytime의 경영활동결과 순재산인 자본은 700원이 증가한 것이다. 회계에서는 경영활동의 결과 기초에 비해 기말에 순재산인 자본이 증가된 금액 700원이 당기순이익이다. 따라서 순이익을 구하는 공식은 다음과 같이 재산법에 따른 이익산출공식과 같다.

기말자본 10,700원 − 기초자본 10,000원 = 당기순이익 700원

2.2 손익법

지금까지는 재무상태표를 이용하여 자본의 순증가액으로 이익을 계산하였다. 즉, '기초

재무상태표의 자본액'과 '기말 재무상태표의 자본액'을 비교하여 전자보다 후자가 크면 이익이 난 것이고, 반대의 경우에는 손실이 난 것이다. 기업의 활동은 제품을 만들기 위하여 원재료 등을 구입하는 '구매활동', 구입한 원재료를 가공하여 완제품을 만드는 '생산활동', 완제품을 판매하는 '판매활동', 이러한 활동을 지원하는 '일반관리활동', 그리고 주영업목적 이외의 '부수적인 활동' 등을 수행하게 되며, 이러한 기업의 모든 활동들을 통해 이익이 발생한다. 대차대조표를 통해서는 기말자본과 기초자본의 차이를 구해 이익이 '얼마나' 났는가 하는 최종 결과만을 알 수 있을 뿐이지 '어떠한' 활동을 통해서 이익이 얼마나 증가하고 얼마나 감소하였는지는 알 수 없다.

이와 같은 '재산법'에 따른 이익산출방식의 단점을 극복하고 이익이 어떠한 영업활동에 의하여 발생하였는지, 그 과정과 결과를 동시에 알 수 있는 이익산출방식이 대두되었는데, 이것을 거래접근법(transaction approach) 또는 **손익법(profit and loss method)**이라 한다. 손익법에서는 기업의 모든 경영활동 중에서 이익을 증가시키는 요인인 '자본을 증가시키는 활동'을 수익활동으로 분류하고, 이익을 감소시키는 요인인 '자본을 감소시키는 활동'을 비용활동으로 분류한다. 그리고 이 양자의 차이로써 일정기간 동안의 이익을 산출한다.

손익법에 따른 이익산출 공식:

수 익	−	비 용	=	당기순이익

이렇게 하면 일정기간 동안 어떠한 경영활동을 통해서 이익이 증가하고 감소하였는지를 알 수 있을 뿐만 아니라 자본의 순증가액인 이익이나 자본의 순감소액인 손실이 얼마인지를 정확히 알 수 있다.

[기본자료 1]의 자료를 가지고 손익법에 따른 당기순이익은 다음과 같다.

수 익	−	비 용	=	당기순이익
2,000원	−	1,300원	=	700원

제3절 재무상태표와 손익계산서의 관계

사례에서의 기말 재무상태표에서 나타난 당기순이익 700원은 손익계산서에 나타난 바와 같이 매출액 2,000원에서 매출원가 1,000원, 급료 100원, 임차료 100원, 이자비용 100원을 지급하고 남은 금액이라는 것을 알 수 있다. 따라서 손익계산서는 재무상태표의 당기순이익이 어떻게 발생 되었는지를 알려주는 역할을 한다.

그리고 손익계산서의 당기순이익과 재무상태표의 당기순이익은 항상 일치한다. 왜냐하면 수익이 발생하면 그만큼 자본이 증가하고, 비용이 발생하면 그만큼 자본이 감소한다는 것을 알았다. 따라서 수익에서 비용을 차감한 손익계산서의 당기순이익은 '자본의 순증가분'이다. 그리고 재무상태표의 당기순이익은 기말자본에서 기초자본을 차감한 '자본의 순증가분'이므로 양자의 당기순이익은 '자본의 순증가분'으로서 일치하는 것이다.

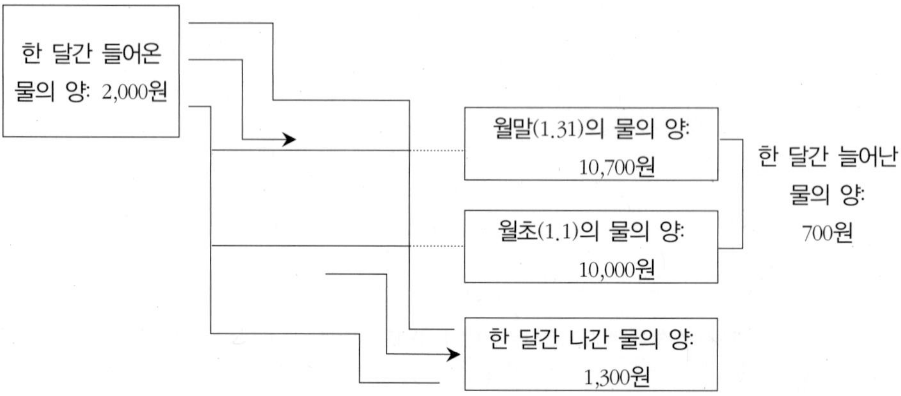

그림과 같이 기초에 남아 있는 물(자금)의 가치가 10,000원이다. 1월 한 달 동안 들어온 물의 양이 2,000원이고, 한 달 동안 탱크에서 나간 물의 양이 1,300원이라면, 우리는 다음 두 가지의 물음을 생각할 수 있다.

① 기말에는 물탱크에 물이 얼마나 남아 있겠는가?

② 그리고 1월 한달 동안 물이 얼마나 늘어났겠는가?

첫 번째 물음은 쉽게 답을 구할 수가 있다.

기초의 물	+ 들어온 물	− 나간 물	= 남아 있는 물
10,000원	2,000원	1,300원	10,700원

두 번째 물음을 구하는 방식은 다음과 같은 두 가지가 있을 것이다. 먼저 기말에 물탱크에 있는 물 10,700원에서 기초에 물탱크에 있던 물 10,000원을 빼면, 이번 달에 늘어난 물의 양은 700원이라는 것을 알 수 있다. 두 번째 방법은 이번 달에 들어온 물의 양 2,000원에서 나간 물의 양 1,300원을 빼면 이번 달에 늘어난 물의 양은 700원이 된다.

결국 양자의 방법으로 구한 '늘어난 물의 양'은 700원으로 일치한다. 이와 같이 볼 때 어떠한 방법으로 구하더라도 방법만 다를 뿐 구하고자 하는 '늘어난 물의 양'은 일치한다는 사실을 알 수 있다.

전자의 방법이 재산법에 따른 재무상태표에서 당기순이익을 구하는 방법(기말자본－기초자본＝당기순이익)이며, 후자의 방법이 손익법에 따른 손익계산서에서 당기순이익을 구하는 방법(수익－비용＝당기순이익)으로서 어떠한 방법으로 구하든 당기순이익은 일치한다는 것을 알 수 있다.

이러한 재무상태표와 손익계산서의 관계를 도표로 표시하면 다음과 같다.

기말 재무상태표

15,700 기말재산	5,000	15,700 기 초 → 순재산	5,000
	10,000		10,000
		늘은 양	700
1,300 나간 양	2,000 들어온 양		

손익계산서

700	
1,300	2,000

두 표를 시간상의 관계로 본다면 재무상태표는 일정시점의 재무상태를 표시하는데 비해 손익계산서는 일정기간의 경영성과를 나타낸다. 따라서 결국 기업은 전년도 말인 기초 재무상태표에서 출발해서 손익계산서에서 나타난 영업활동을 더한 결과가 금년 초 기말 재무상태표가 되는 것이다.

따라서 손익계산서는 재무상태표의 순재산 증가분인 당기순이익이 어떻게 발생되었는지를 나타내며, 재무상태표는 손익계산서에 나타난 영업활동의 결과 재산이 어떻게 변동되었는지를 나타내는 표인 것이다. 이와 같이 볼 때 재무상태표와 손익계산서는 상호보완하면서 기업의 재무상태와 경영성과를 나타내고 있는 것이다.

연습문제

1. 다음은 Cafe P의 경영활동 자료이다. 물음에 답하라.

> 1월 1일 펭수는 명예퇴직 후 퇴직금으로 현금 1,000,000원을 투자하여 Cafe P를 개업하다.
> 1월 10일 커피 내리는 기계장치 200,000원를 현금으로 구입하다.
> 1월 15일 커피 원두(소모품)를 100,000원에 매입하다.
> 1월 20일 아메리카노 100잔을 400,000원에 판매하고 현금을 받다.
> 1월 30일 가게 월세(임차료) 200,000원과 아르바이트 월급(급여) 100,000원을 현금으로 지급하다.
> 1월 31일 커피 원두(소모품)는 50,000원 남아 있다. 사용된 커피 원두는 커피 판매를 위해 소모된 비용(소모품비)에 해당한다.

(1) Cafe P의 1월 경영활동을 재무상태표등식에 표시하라.

(2) 재무상태표를 이용해서 당기순이익을 계산하라(재산법).

(3) 손익계산서를 이용해서 당기순이익을 계산하라(손익법).

2. 재무상태표와 손익계산서의 관계를 물탱크를 가지고 설명하라.

3. (주)부경은 기초 총자산 1,000원과 총부채 500원으로 시작하였다. 당해연도 회계거래는 수익 600원, 비용 300원, 그리고 50원의 배당을 지급하였다. 기말자본은 얼마이고 당기순이익은 얼마인가?

4. 다음의 자료와 회계등식을 이용하여 기말자본은 얼마인가?

기초자산	40,000원	기초부채	28,000원	기말부채	29,000원
수익	30,000원	비용	27,000원		

제2부

제4장 계정과목과 계정

제5장 회계순환과정

제6장 결산

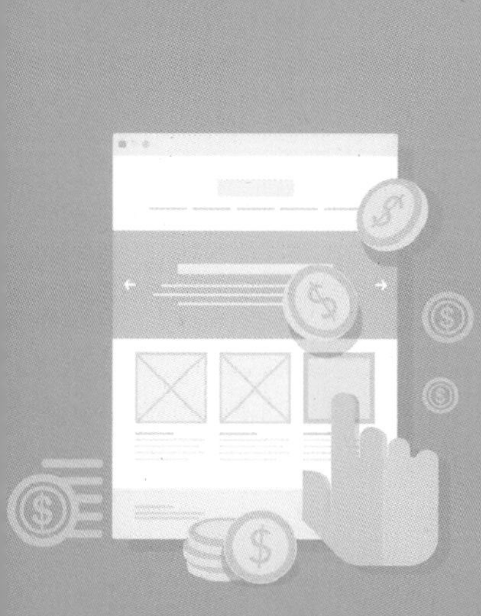

제4장 계정과목과 계정

제1절 계정과목

1.1 거래와 계정과목

1) 거래

기업의 경영활동을 하게 되면 회계대상인 자산, 부채, 자본, 수익, 비용 등의 5개 회계요소가 증가하거나 감소하게 된다. 경영활동으로 회계요소의 증감이 발생하면 회계요소의 증감을 기록하여야 한다. 따라서 '회계요소의 증감변동'을 기록하는 것이 회계활동의 기초가 된다. 따라서 회계에서는 경영활동에 따라 회계요소가 증감변동할 경우 이를 기록하고 정리하여, 경영성과인 이익을 계산하고 재산상태를 파악하는 것이다. 회계에서 '자산, 부채, 자본 등이 변동하는 경영활동', 또는 '경영활동으로 자산, 부채 및 자본의 증감을 일으키는 모든 사항'을 **거래**(transactions)라고 한다. 수익과 비용의 변동도 결과적으로는 자본의 변동을 일으키는 것이므로 거래에 해당된다. 따라서 회계상의 거래는 ① 자산, 부채, 자본에 변동이 있어야 할 뿐만 아니라 ② 화폐단위로 측정할 수 있어야 한다.

예를 들면, 일상생활에서는 거래라 할 수 있는 매매계약 같은 것은 회계에서는 자산, 부채, 자본에 변동이 발생하지 않기 때문에 거래라 하지 않는 반면, 일상생활에서는 거래라고 하지 않는 화재나 도난 등은 자산, 부채, 자본에 변화를 초래하였기 때문에 회계에서는 거래가 된다. 그러나 화재나 도난으로 자산, 부채, 자본이 감소하였을 때, 그 내용을 화폐로 표시할 수 있어야 한다.

2) 계정과목

경영활동으로 발생한 자산, 부채 및 자본 등의 증감과 그에 따른 수익과 비용의 발생을 체계적으로 분류하여 기록하고 계산할 수 있도록 회계요소를 분류할 기준과 계산할 장소가 필요한데, 그 계산할 장소를 '계정(account)'이라 하고 그 분류기준을 '계정과목(title of account)'이라 한다.

계정과목은 기업활동에 따라 단순하게 또는 상세하게 신축적으로 설정할 수 있다. 기업에서는 계정과목을 조직적으로 일련번호로 분류 · 배열한 계정과목표(chart of accounts)를 보유하고 있다. 이 계정과목표는 GAAP에서 규정한 것을 기업의 사정에 따라 신축적으로 조정할 수 있다. 즉, 계정과목이 중요한 경우에는 세분화하고 중요하지 않은 경우에는 통합하여 설치한다.

계정과목은 일반적으로 계정과목을 설정할 때 분류대상, 발생원인 및 회계요소의 3가지를 반영해야 한다.

대상	발생원인	회계요소	계정과목
상품, 제품, 서비스	판매, 제공	수익	매출
상품, 제품	매입	비용	매출원가
상품, 제품	매매	이익	매출총이익
이자	발생	수익	이자수익
건물	임차	비용	임차료
차량운반구	처분	손실	유형자산처분손실

일반적으로 기업에서 빈번하게 사용되는 계정과목을 예시하면 아래와 같다.

재무상태표를 작성할 때 계정과목을 대분류, 중분류 및 소분류하고, 중요성에 따라 중요한 계정과목은 표시하고 중요하지 않은 계정과목은 중분류과목에 합쳐서 공시한다.

자산은 크게 유동자산과 비유동자산으로 대분류하고 유동자산은 금융자산과 재고자산으로, 비유동자산은 금융자산과 유형자산 및 무형자산으로 중분류한다.

부채는 크게 유동부채와 비유동부채로 대분류하고 자산과 달리 부채는 중분류하지 않고 있다.

자본은 자본금과 잉여금으로 구성되어 있다. 잉여금은 남은 돈인데, 자본거래로 인해 발생하는 자본잉여금과 당기순이익을 여러 해 누적시킨 이익잉여금으로 구성되어 있다.

[표 4-1] 재무상태표 계정과목

계정과목	국어사전 의미
자산: Assets	
현금(cash)	현찰, 돈
예금(deposit)	은행 등 금융기관에 맡긴 돈
매출채권(accounts receivable)	상품이나 제품을 판매하거나 용역을 제공하고 아직 받지 않은 돈
미수금(accounts receivable)	상품 이외의 물건을 팔고 아직 받지 않은 돈
대여금(note receivable)	빌려준 돈
선급금(advance payments)	상품이나 원재료 및 서비스를 확보하기 위해 먼저 지급한 돈
상품(commodity)	회사에서 주로 파는 물건
소모품(supplies)	제품생산이나 서비스 제공을 위해 사용하는 물품
토지(land)	회사가 업무용으로 사용하고 있는 땅
건물(building)	회사가 업무용으로 사용하고 있는 건물
기계장치(machinery)	영업활동에 장기적으로 사용할 목적으로 구입한 설비장치
차량운반구(automobiles)	승용차, 버스, 트럭, 지게차 등의 운송 및 운반수단
비품(equipment)	사무용으로 사용하기 위해 보유하고 있는 물품
산업재산권 (industrial property)	일정기간 독점적으로 이용할 수 있는 권리(특허권, 실용신안권, 디자인권, 상표권)
개발비(development cost)	새로운 기술도입 · 상품개발 · 시장개척하기 위해 지출한 돈
영업권(goodwill)	다년간 영업활동에서 생기는 재산적 가치가 있는 사실관계
부채: Liabilities	
매입채무(accounts payable)	상품이나 원재료를 구입하고 아직 지급하지 않은 대금
차입금(note payable)	빌린 돈
미지급금(accounts payable)	상품 이외의 물건을 구입하고 아직 지급하지 못한 돈
선수금(unearned revenue)	상품인도나 용역제공 전에 먼저 받은 돈
자본: Capital	
자본금(common stock)	주주들이 납입한 돈
자본잉여금(capital surplus)	주주와의 거래로 벌인 돈
이익잉여금(retained earnings)	기업이 영업활동으로 모아 둔 돈. Σ(당기순이익 − 배당금)

손익계산서는 수익과 비용 계정과목으로 구성되어 있다.

수익은 기업의 주영업활동과 관련된 수익인 매출과 부수적인 활동과 관련된 ○○수익으로 구성되어 있다. 비용은 상품매매업에만 있는 매출원가, 급여, 임차료 등이 있으며, 수익과 비용이 아닌 이득과 손실도 큰 범주로 보면 수익과 비용에 포함하고 있다. 이득과 손실은 수익과 비용과 달리 잔액으로 표시하며 유형자산처분이익과 유형자산처분손실이 있다.

[표 4-2] 손익계산서 계정과목

계정과목	사전 의미
수익: Revenue	
매출(sales)	상품이나 제품을 판매하거나 용역을 제공하고 벌인 돈
임대료수익(rental revenue)	건물을 빌려 주고 받는 월세 수입
이자수익(interest revenue)	빌려준 돈에 대한 대가
배당금수익(diviend revenue)	출자한 주식에 대해 분배받은 배당금
수수료수익(fee revenue)	어떤 일을 처리해 준 데 대한 대가로 받은 요금
유형자산처분이익(gains on disposition of tangible asset)	유형자산을 처분하고 장부가액 이상으로 받은 돈
비용: Expenses	
매출원가(cost of sales)	상품을 구입하거나 제품을 제조하는 데 들어간 돈
급여(salaries expense)	정규직 월급
임차료(rent expense)	남의 물건을 빌려 쓰는 대가로 내는 돈
감가상각비(depreciation expense)	유형자산의 사용기간에 따라 배분한 원가
대손상각비(bad debts expense)	거래처의 도산으로 회수할 수 없게 된 매출채권 금액
광고선전비(advertising expense)	광고 및 선전활동에 소요되는 비용
보험료(insurance expense)	보험에 가입한 사람이 내는 돈
수도광열비(utility bills)	수도료, 전기요금, 가스요금 등에 소요되는 비용
이자비용(interest expense)	빌린 돈에 대한 대가
유형자산처분손실(loss on disposition of tangible asset)	유형자산을 처분하고 장부가액보다 적게 받은 손실

계정과목을 결정하는 기준으로 고려하여야 할 사항은 다음과 같다.

① 거래가 '영업활동'으로 발생한 것인가 아니면 '투자 · 재무활동'인가?

② 대상이 '상품(재고자산)'인가 아니면 '상품 이외의 물품(건물, 기계)'인가?

③ 대금결재가 상품이나 물품을 전달하기 '이전'인가 아닌가?

④ 대금결재는 '어음'으로 하였는가?

⑤ 아니면 아직 결재하지 않고 있는 단순한 '외상거래'인가? 등을 들 수 있다.

이러한 판단기준에 따라 '계정과목'을 흐름표로 표시하면 다음과 같이 분류된다.

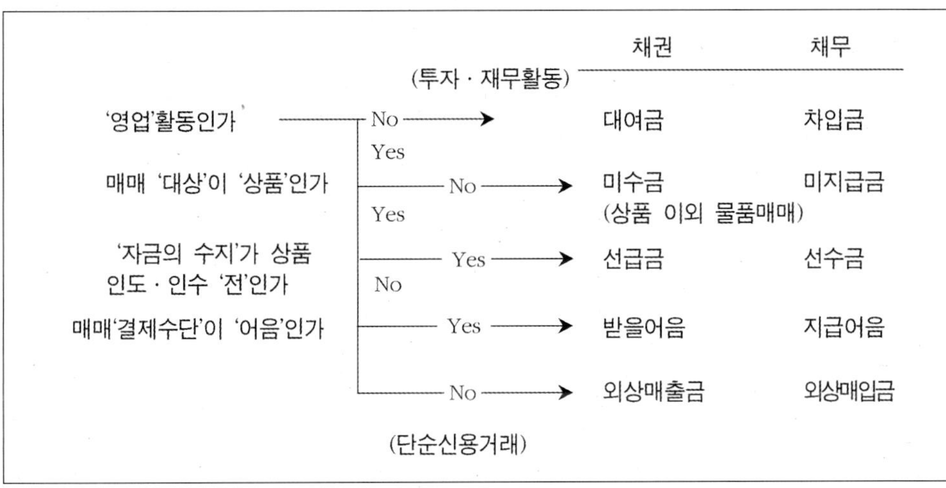

제2절 계 정

2.1 계정의 기본내용

계정과목은 단지 경영활동의 명목적인 분류단위만을 표시하기 때문에 구조적인 내용이 있을 수 없지만, 계정은 어느 항목의 경영활동 내용의 증감변동과 그 결과를 반영하고 기록하고 계산할 수 있는 일정한 구조를 반드시 가지고 있어야 한다. 계정은 계정과목을 바탕으로 설정하기 때문에 원칙적으로는 하나의 계정과목에 하나의 계정이 설정된다.

계정이 되기 위해서 다음의 요건을 갖추어야 한다.

① 가치의 증감을 분류하여 기록하고, 계산하는 대상의 '명칭'

② 증감의 내용을 기록하고 계산할 수 있는 '장소'

③ 왼쪽과 오른쪽, 또는 차변(debitor: DR, debits)과 대변(creditor: CR, credits)의 '구분'

계정이 설정되어 있는 장부의 지면을 중앙에서 구분하여 왼쪽을 차변, 오른쪽을 대변이라 하고, 한쪽에는 증가를, 다른 한쪽에는 감소를 기입하다. 이것은 Binary Thinking(양면적 사고)이라는 회계적 사고틀을 예시한 것으로서 거래의 이중성과 복식기장의 원칙을 회계에 반영할 수 있는 중요한 계산구조를 함유하고 있음을 나타낸다.

자산계정		부채계정		자본계정	
증가	감소	감소	증가	감소	증가

수익의 발생은 자본의 증가를 가져오므로 자본계정의 경우에 준하여 수익계정의 대변에 기입하고, 비용의 발생은 자본의 감소를 의미하므로 비용계정의 차변에 기입한다. 수익과 비용은 감소가 거의 없고, 감소란 수익과 비용의 증가에 대한 취소의 형태이다.

수익계정		비용계정	
소멸(감소)	**발생**(증가)	**발생**(증가)	소멸(감소)

계정기입의 원칙

① 자산의 증가는 차변, 자산의 감소는 대변

② 부채의 증가는 대변, 부채의 감소는 차변

③ 자본의 증가는 대변, 자본의 감소는 차변

④ 수익의 발생은 대변, 비용의 발생은 차변

2.2 계정의 형식

재무상태표의 구성요소인 자산, 부채 및 자본은 일정시점의 재무상태를 표시하기 위하여 계정에는 증가액과 감소액을 기록할 뿐만 아니라 기말의 재무상태를 잔액으로 표시하게 된다. 이번 기간의 기말잔액은 다음 기간의 기초잔액이 된다. 따라서 자산, 부채 및 자본의 계정은 기초잔액, 당기증가액, 당기감소액 및 기말잔액을 표시하게 된다. 그 관계를 표시하면 다음과 같다.

기초잔액 + 당기증가액 − 당기감소액 = 기말잔액

○○ 계정(자산계정)

차변	대변
1.1 기초잔액(**전기이월**)	
1.1~12.31 당기증가액	1.1~12.31 당기감소액
	12.31 기말잔액(**차기이월**)

○○ 계정(부채계정)

차변	대변
	1.1 기초잔액(**전기이월**)
1.1~12.31 당기감소액	1.1~12.31 당기증가액
12.31 기말잔액(**차기이월**)	

○○ 계정(자본계정)

차변	대변
	1.1 기초잔액(**전기이월**)
1.1~12.31 당기감소액	1.1~12.31 당기증가액
12.31 기말잔액(**차기이월**)	

계정에는 기초잔액, 당기증가액, 당기감소액 및 기말잔액의 실질적인 내용뿐만 아니라 아래와 같은 4가지 형식적인 내용도 포함한다.

1. 계정명칭: 회계과목
2. 일자: 경영활동의 기록일자
3. 증빙번호: 계정기록 근거
4. 적요: 경영활동 내용의 개괄적 설명

이런 계정을 모아둔 기본이 되는 장부를 ‘원장(ledger)’ 또는 ‘총계정원장’이라고도 한다. 계정의 형식에는 **표준식**(standard form)과 **잔액식**(balance form)이 있다.

1) 표준식

계정과목(계정명칭)

제×쪽

차변 대변

일자	적 요	증빙 번호	금 액	일자	적 요	증빙 번호	금 액
		분면				분면	

2) 잔액식

계정과목(계정명칭)

제×쪽

일자	적 요	증빙 번호	차변 금액	대변 금액	잔 액
		분면			

회계에서는 원장면의 기입을 예시해서 설명하는 것이 편리한 경우가 있다. 이 경우 표준식이 채택된다. 이 경우 표준식은 아래와 같이 약식으로 표시한다. 이 약식 표시를 약식계정 또는 T자형(T form)계정이라 한다.

계정명칭(계정과목)

차변 대변

2.3 차변과 대변

계정이 설정되어 있는 장부의 지면을 중앙에서 구분하여 왼쪽을 차변(debtor: Dr), 오른쪽을 대변(creditor: Cr)이라 하고, 한 쪽에는 증가를, 다른 한 쪽에는 감소를 기입한다.

부기발달의 초기에는 빌려주고 빌리는 대차관계를 기록하는 인명계정에서 출발하였으나, 기업회계가 발달하여 타인과의 대차관계뿐만 아니라, 모든 재산계산은 물론이고, 손익계산에까지 미치게 되어 이제는 차변, 대변은 고유의 의미는 없어지고 왼쪽과 오른쪽의 공간을 나타내는 부호에 불과하게 되었다.

경영활동을 하게 되면 2개의 요소, 즉 차변요소와 대변요소로 분해되어 특정한 계정의 차변과 대변에 같은 금액으로 기록되어 계산된다. 이와 같은 사고를 거래의 이중성에 따른 대차 양면적 사고라고 하고 그 처리를 복식기장의 원칙이라 한다.

계정과목은 기업의 규모나 특성에 따란 적절하게 설정해야 한다. 상세하게 분류하여 설정하면 기업활동과 관련하여 매우 자세한 기록을 할 수 있다는 장점이 있는 반면, 회계자료의 기록 · 유지에 많은 노력과 비용이 소요되고 정보이용자가 오히려 불편하게 여길 수 있다. 한편 계정과목을 단순하게 분류하여 설정하면 회계기록을 위한 비용은 감소할 수 있으나 회계자료를 통해서 얻을 수 있는 정보의 수준에 한계가 발생할 수 있는 단점이 있다.

제3절 복식기장법의 기초

기장(bookkeeping: **記帳**)은 '장부에 기록하는 것'을 의미하며, 경영활동을 '장부에 어떻게 기록하는가 하는 방법'을 기장법이라 한다. 기장 방법에는 단식기장법과 복식기장법의 2가지 종류가 있다.

3.1 단식기장법

단식기장법(single entry bookkeeping system)은 초보적인 기록방식으로 가정에서 사용하는 가계부와 같이 단순히 현금의 수입이나 지출만을 장부에 기록하는 방법이다. 이 방법은 경영활동으로 발생한 회계요소의 증감변화를 하나의 계정에 발생한 순서에 따라 기록만 하는 방법이다. 이 방법은 계정 간의 기록이 서로 직접적인 연관도 없고, 서로 평형적 관계도 있을 수 없기 때문에 경영활동을 전체적이고 체계적으로 파악할 수도 없다. 그리고 계정기록의 정확성과 진실성을 검증할 수도 없다.

3.2 복식기장법

복식기장법(double-entry bookkeeping system)은 각 경영활동마다 '상호연관이 있는 2개 또는 2개 이상의 계정'을 '동시'에, 그리고 '같은 금액'을 '발생순서'에 따라서 기장하는 방법이다. **복식**(double-entry)이란 한 개의 거래를 두 번 기록한다는 뜻으로, 거래의 양면인 원인과 결과를 동시에 기록하는 것이다. 단식기장법과 달리 거래의 이중성(duality of transactions)에 따라 모든 회계상의 거래는 차변과 대변의 변동을 동시에 가져오며 차변과 대변의 금액 또한 동일하게 기입하게 된다.

[그림 4-1] 거래의 이중성

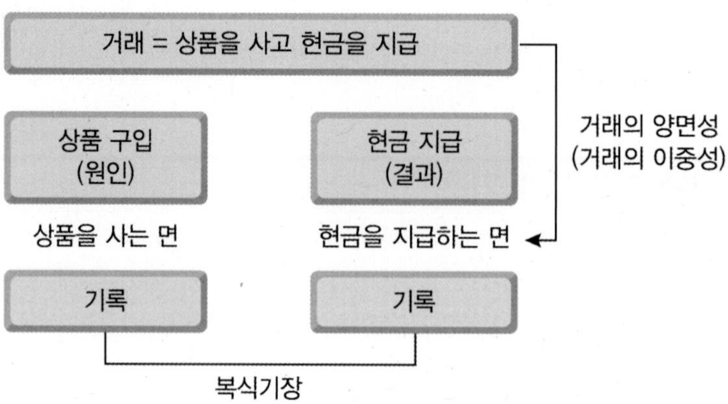

회계계산에서 복식기장법은 5가지 회계요소의 증감 과정과 그 결과를 계산하고 통제하고 있다. 5가지 회계요소 중에서 자산, 부채 및 자본 사이의 관계는 다음과 같다.

	자 산	=	부 채 + 자 본: 회계등식
①	조달된 자금을 사용하여 현재 구체적으로 남아 있는 모양		자금을 조달한 원천
②	재 산		재산에 대한 법률적 소유권

한 개의 회계요소가 증감하여 변화(상품구입: 자산증가)를 할 때, 이 증감과는 다른 한 개 또는 여러 개의 회계요소(현금지급: 자산감소)가 반드시 변화를 한다. 그러나 이때도 회계등식에서 등식관계는 유지된다.

따라서 복식기장법은 각 경영활동마다 복식기장 원리에 따라 서로 '같은 금액'으로 '동시에', 2개 또는 2개 이상 '서로 관련되는 계정'에 각각 기록하여야 한다. 이러한 복식기장원리는 회계등식을 장부기입 방법에 적용시킨 것으로 볼 수 있다.

제4절 계정의 계산과 거래분석

4.1 기장부호

회계에서는 경영활동을 모두 원인과 결과로 구분하여 기록하는데, 이 두 가지를 기입하기 위한 장부나 전표의 기입란은 모두 차변과 대변으로 나뉘어 있다. 대차기장법에서 기장부호로서 '차변'과 '대변'은 계정의 왼쪽과 오른쪽을 표시하고 있다. 모든 계정의 왼쪽과 오른쪽 양쪽에 '증가' 또는 '감소'를 나누어 기록한다.

장부기입을 위한 계정에는 반드시 차변과 대변이 있다.

○○계정

차변 | 대변

4.2 계단식 계산과 계정식 계산

계정계산의 특징은 보통의 계산 방법인 **계단식 계산**(stepladder calculation)을 명확히 알 수 있다. 계단식 계산은 우리가 계단을 내려가는 것처럼 위에서 아래로 내려가며 계산하는 것이다. 이러한 계산 방법이 계산하기 쉽다고 생각할 수 있지만 가산과 감산이 섞여 있기 때문에 계산의 수가 많아지면 계산이 틀리기 쉽고, 검산을 위해서 한 번 더 계산을 해야 하는 단점이 있다. 계단식 계산은 일반적인 산수식 계산법(arithmetical calculation)과 동일한 것이다.

[그림 4-4] 계단식 계산과 계정식 계산(자산)

계단식 계산	계정식 계산(자산) 증가한 것을 기록(+)	계정식 계산(자산) 감소한 것을 기록(−)
900	900	600
−600	300	100
300	400	700
−100		200
400		
−700		
200	1,600	1,600

계단식을 일반 산수식으로 계산하면 다음과 같다.

$$900 - 600 + 300 - 100 + 400 - 700 = 200$$

이에 비해 **계정식 계산**(accounts calculation)은 로마문자 T자 형식의 계정을 사용한다. 예를 들면, 만약 계정의 왼쪽에 증가(+)요소를 모두 모아 계산하면, 오른쪽에는 감소(−)요소를 모두 모아 계산한다. 또한 계정의 오른쪽에 증가(+)요소를 모두 모아 계산하면, 왼쪽에는 감소(−)요소를 모두 모아 계산한다. 그리고 각 측면의 수치를 합계하여, 큰 쪽과 작은 쪽의 차액을 다시 작은 쪽에 가산함으로써 좌우 합계가 균형을 이루도록 한다. 따라서 계정 계산의 경우에는 '감소요소를 집계한 쪽에 얼마를 더하면 양쪽이 일치할 것인가'를 생각하여 가산만 행해지고 감산은 행해지지 않는 특징을 가지고 있다. 이것은 서양식 화폐계산 방법이나 좌우 균형의 저울의 계산 방법과 동일하다.

서양식 화폐 계산법은 해외여행을 한 경험이 있는 사람이면 알 수 있는데, 100파운드 지폐로 40파운드의 물건을 살 때, 40파운드의 상품에 얼마를 더하면 100파운드가 되는가 하는 식으로 돈을 계산하는 방법이다. 이것은 주산이 발달해 있지 않고, 암산능력이 없는 것에 원인이 있지만, 결국 이것이 계정 계산을 발달시켜 복식부기를 만들어 낸 계기가 되었다고 볼 수 있다.

예제 4-1

다음 거래에 대하여 1. 계단식 계산과 2. 계정식 계산법 3. 산수식 계산법에 따라 현금수지 계산을 하시오.

- 1월 1일 현금보유액이 1,200원이다.
- 1월 2일 상품 800원을 현금으로 매입하다.
- 1월 3일 상품을 현금 300원에 매출하다.
- 1월 4일 급여 100원을 현금으로 지급하다.
- 1월 5일 상품을 현금 200원에 매출하다.

해답

1. 계단식 계산

1월 1일	1,200원
1월 2일	−800원
1월 3일	+300원
1월 4일	−100원
1월 5일	+200원
잔액	800원

2. 계정식 계산

\+ 현금계정 −

+	−
1,200	800
300	100
200	[800]
1,700	1,700

3. 일반 산수식 계산 1,200 − 800 + 300 − 100 + 200 = 800

4.3 계정식 계산구조

회계에서 계정 계산은 산수에서와 같이 '+'와 '−'의 기호를 사용하지 않는다. 회계 계산은 계정의 좌측과 우측의 어느 쪽에 기입되느냐에 따라 계산이 달라진다. 즉, 같은 쪽에 기입되면 덧셈을, 반대쪽에 기입하면 뺄셈을 하는 것이 회계의 계정 계산의 원리이다.

계정식 계산에서 '같은 쪽'은 덧셈이고, '반대 쪽'은 뺄셈이다.

예제 4-2

다음 현금거래의 계산을 1. 산수식 계산과 2. 계정식 계산으로 하시오.

① 현금 1,200원이 있는데, 오늘 상품을 팔아 현금 300원이 들어오다.

② 어제 상품을 팔아 현금 800원을 벌고, 오늘 경비로 현금 500원 썼다.

해답

① 현금이 있는데 다시 현금이 들어 왔으므로 1,200원과 300원을 더한다.

산수식 : 1,200원 + 300원 = 1,500원

계정식 :

현금계정	
1,200 300	

같은 쪽에 기입(덧셈)한다.

② 800원이 들어오고, 500원이 나갔으므로 800원에서 500원을 뺀다.

산수식 : 800원 − 500원 = 300원

계정식 :

현금계정	
800	500

반대 쪽에 기입(뺄셈)한다.

회계에서는 현금뿐만 아니라 모든 자산, 부채, 자본, 수익, 비용의 증가와 감소를 기록할 때 이와 같이 증가와 감소를 양쪽으로 분명히 구분하여 기록한다.

[예제 4-2]의 내용과 같이 계정 또는 회계요소들의 성질에 따라 처음 현금 1,200원은 왼쪽에 기입되고, 수익 800원은 오른쪽에 기입된다. 왜 이렇게 현금은 왼쪽에 기입하고, 수익은 오른쪽에 기입하는지 그 이유를 살펴보자.

계 정	
증가	감소

계 정	
감소	증가

이를 위하여 자산계정, 부채와 자본계정, 비용계정과 수익계정 등 다섯 종류로 나누어 각 계정들의 계산구조를 살펴보아야 한다.

우선 자산계정과 부채 및 자본계정은 **계정의 성질**이 서로 다르기 때문에, 자산계정의 **계산구조**와 부채와 자본계정의 **계산구조**는 서로 다르다는 사실에 주의를 하여야 한다. 왜냐하면 부채와 자본은 경영활동에 필요한 자금을 조달하여 자금조달의 원천으로서 '기업의 자금을 증가'시키고, 자산은 이렇게 조달된 자금을 사용하여 그 결과로서 남아 있는 구체적인 모양을 나타낸다. 조달된 자금을 사용하기 때문에 '기업의 자금을 감소'시키게 된다. 따라서 자산은 자금감소의 성질을, 부채와 자본은 자금증가의 성질을 가지고 있다. 자금의 증가와 감소로서 서로 반대되는 성질을 가지고 있기 때문에 자산계정과 부채와 자본계정의 계산구조도 당연히 서로 반대가 된다.

자산, 부채 및 자본에 대하여 '계정성질'에 따라 계산을 하게 된다. 또 자본의 증감을 나타내는 비용이나 수익의 계정도 여기에 추가되어야 한다. 이들 각 항의 증가 및 감소가 각각의 계정의 차변과 대변에 어떻게 기입되는가를 표시하면 다음과 같으며, 이것을 가리켜 **계정 기입의 원칙**이라 한다. 이들 회계요소들의 증가 및 감소가 각 회계요소계정의 차변과 대변에 어떻게 기입되는가를 표시하면 다음과 같다.

(1) 자산계정: 증가는 차변에, 감소는 대변에 기입한다.
(2) 부채계정: 증가는 대변에, 감소는 차변에 기입한다.
(3) 자본계정: 증가는 대변에, 감소는 차변에 기입한다.
(4) 수익계정: 증가(발생)는 대변에, 감소(소멸)는 차변에 기입한다.
(5) 비용계정: 증가(발생)는 차변에, 감소(소멸)는 대변에 기입한다.

자산은 재무상태표의 차변에 잔액이 표시되므로 자산의 증가는 그 계정의 차변에 기입하고, 감소는 계정계산의 성질상 당연히 반대쪽인 대변에 기입한다. 부채와 자본은 재무상태표의 대변에 그 잔액이 표시되므로 그 증가를 부채계정과 자본계정의 대변에, 감소는 그 차변에 기입된다.

자산계정	
증가(+)	감소(−)

부채계정	
감소(−)	증가(+)

자본계정	
감소(−)	증가(+)

수익의 발생은 자본의 증가를 가져오므로 자본계정의 경우에 준하여 수익계정의 대변에 기입하고, 비용의 발생은 자본의 감소를 의미하므로 비용계정의 차변에 기입한다.

수익계정	
소멸(감소)	발생(증가)

비용계정	
발생(증가)	소멸(감소)

계정의 차변 · 대변은 언제나 증가와 감소라고 하는 상반된 성질을 가지고 있다. 따라서 부기에서는 빼낼 금액을 증가쪽의 반대편에 기입한다.

4.4 복식기장의 원칙

자산, 부채, 자본, 수익, 비용의 5가지 회계요소에 속하는 계정에 대한 계산구조(계정기입의 원칙)를 이해한 후에는 여러 가지의 경영활동이 발생하면 어떠한 원칙에 따라 어떻게 계정에 기록할 것인가를 이해하여야 한다. 복식기장의 원칙이란 거래의 이중성과 대차평균의 원칙에 따라 장부에 기록하는 것을 말하며, 다양한 경영활동을 계정에 기록하려면 계정식 계산구조에 따라 다음과 같은 5가지 점을 반드시 고려해야 한다.

1. 해당 '계정'은? **해당계정**
   복식기장원리에 따라 각 경영활동마다 적어도 2개의 계정이 필요하다.
   이들 계정은 무엇인가?
2. 어떠한 '성질'의 계정인가? 계정의 성질과 **회계요소**의 분류
   계정의 성질이 다르면 계정의 계산구조도 다르다.
   회계요소 중 자산, 비용, 부채, 자본, 수익계정 중 어느 요소의 계정인가?
3. 계정에서 어떠한 '변화'가 일어나는가 ? **증가 또는 감소**
   증가하는가 아니면 감소하는가 ?
4. 계정의 '어느 쪽'에 기입해야 하는가? **기록장소: 차변 또는 대변의 확정**
   계정의 계산구조에 따라 기록해야 할 장소인 계정의 차변 또는 대변을 구체적으로 확정한다.
5. 계정기입할 일시와 금액은 얼마인가? **일시와 금액의 결정**

위에서 요약한 순서를 그림으로 표시하면 다음과 같다.

거래분석의 틀

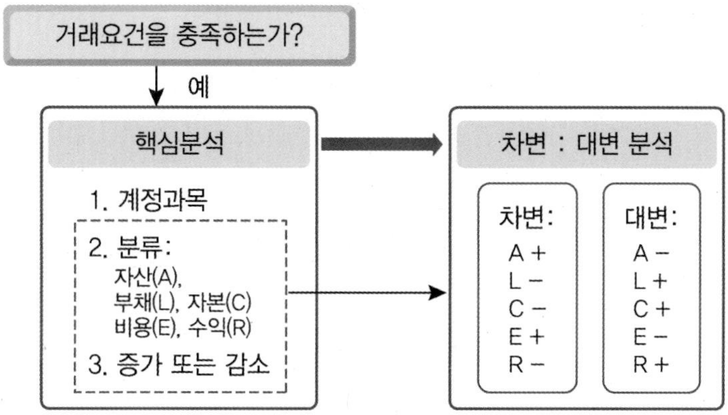

12월 1일 주주로부터 현금 100,000원을 출자 받아 (주)부경물산을 설립하다.

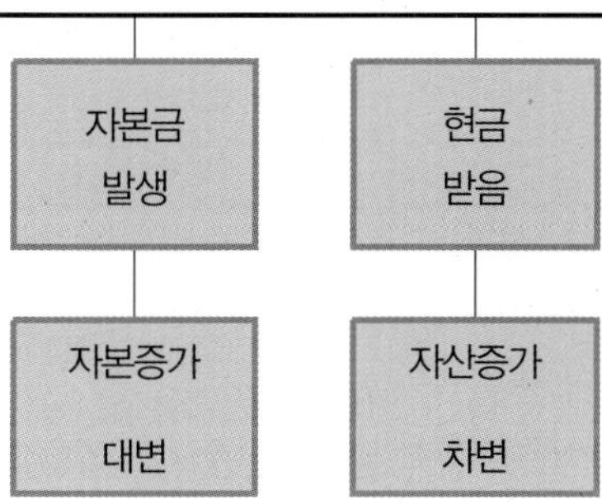

① 해당계정: 자본금과 현금
② 계정의 성질과 회계요소의 분류:
　자본금 − 자본계정
　현　금 − 자산계정
③ 증가 또는 감소: 자본의 증가 그리고
　자산의 증가
④ **계정기입**: 차변 또는 대변의 확정
　자산의 증가 차변과
　자본의 증가 대변
⑤ 일시와 금액의 결정: 12월1일 100,000원

경영활동으로 발생하는 회계요소의 변동을 '기장부호'로서 '차'와 '대'를 표시하는 방법을 요약하면 다음과 같다.

자산의 증가, 비용의 발생 부채와 자본의 감소	: '차변' 표시
자산의 감소 부채와 자본의 증가, 수익의 발생	: '대변' 표시

기장부호로서 '대'와 '차'는 계정에 기록되는 장소가 차변인가 아니면 대변인가를 표시한다. 일반적으로 각종 계정과목의 기말잔액과 증가액은 같은 장소에 기록하여 표시된다. 자

산계정의 기말잔액과 증가액은 일반적으로 차변에 있고, 부채 및 자본의 기말잔액과 증가액은 대변에 있다. 이러한 이유로 '계정잔액이 있는 방향 또는 장소'에 따라, 대차기장법의 가장 중요한 특징 중의 하나인 '계정의 성격'이 결정된다. '동일한 성격의 계정'은 '계정잔액이 동일한 장소 또는 방향에 기록 표시되는 계정'을 말하며 이를 정리하면 다음과 같다.

차변에 잔액이 표시되는 계정: 자산계정, 비용계정
대변에 잔액이 표시되는 계정: 부채계정, 자본계정, 수익계정

T계정을 사용하여 차변과 대변에 표시되는 회계요소의 변동에 대한 계정의 계산구조를 요약하면 아래와 같으며, 거래의 8요소라고 한다. 여기서 수익과 비용은 증가와 감소가 이루어지지만, 자산 · 부채 · 자본과 달리 감소는 자주 생기지 않으므로 증가부분이 대부분을 이루므로 증가라는 표현 대신 '발생'이라고 표현한다. 그러므로 차변에 4가지 유형, 대변에 4가지 유형을 합쳐서 8가지 유형의 회계요소의 변화를 표시하므로 **거래의 8요소**라고 한다.

차변에 표시되는 것	대변에 표시되는 것
자산의 증가	자산의 감소
부채의 감소	부채의 증가
자본의 감소	자본의 증가
비용의 발생	수익의 발생

4.5 거래요소의 결합관계

경영활동으로 발생할 수 있는 '회계요소들의 결합유형'은 자산, 부채, 자본, 수익, 비용 등의 각 회계요소들의 증가와 감소를 대차기장법에 따라 나누어 보면 차변에는 자산의 증가, 부채의 감소, 자본의 감소, 비용의 발생, 수익의 감소가 기장될 수 있고, 대변에는 자산의 감소, 부채의 증가, 자본의 증가, 비용의 감소, 수익의 발생이 기장될 수 있다. 따라서 차변의 회계요소 5가지와 대변의 회계요소 5가지가 서로 결합하여 형식적으로는 아래와 같이 차변 하나의 요소에 대변 다섯 가지 요소가 결합되므로 $5 \times 5 = 25$가지가 가능하다.

자산의 증가 – 자산의 감소, 부채의 증가, 자본의 증가, 수익의 발생
부채의 감소 – 자산의 감소, 부채의 증가, 자본의 증가, 수익의 발생
자본의 감소 – 자산의 감소, 부채의 증가, 자본의 증가, 수익의 발생

비용의 발생 – 자산의 감소, 부채의 증가, 자본의 증가, 수익의 발생

그러나 반복적이고, 일상적으로 발생하는 결합형태는 13가지라고 할 수 있으며, 자산, 부채, 자본의 증감만을 결합하여 9가지 유형으로 분류한다. 어느 유형에서나 모두 경영활동을 기장한 결과는 복식기장의 원칙에 따라야 한다.

연습문제

1. 다음은 계정과목에 대한 설명이다. 해당 계정과목을 맞추시오.

(1) 상품을 판매하고 그 대금은 외상으로 한 것
(2) 정기예금, 정기적금, MMF 등으로 은행이나 증권회사와 같은 금융기관에서 취득하는 정형화된 상품
(3) 다른 사람이나 기업에 돈(현금)을 빌려준 경우에 나타나는 채권
(4) 장기간 보유할 목적으로 취득한 주식이나 국 · 공채, 회사채 등
(5) 컴퓨터, 책상, 의자, 금고, 복사기 등과 같이 부동산은 아니지만 영업활동에 사용할 목적으로 보유하고 있는 것
(6) 금융기관이나 다른 기업으로부터 돈(현금)을 빌린 경우에 발생한 채무
(7) 기업이 영업활동을 통해서 얻은 이익으로 주주의 몫에 해당하는 부분
(8) 상품을 구입하고 아직 갚지 않은 돈
(9) 소모품을 구입하고 아직 갚지 않은 돈
(10) 상품을 판매할 조건으로 상품을 인도하기 전에 받은 돈
(11) 상품을 판매하고 받은 대금
(12) 상품판매를 대신하거나 서비스를 제공하고 받는 수수료금액
(13) 건물, 토지, 주차장 등을 빌린 경우 그 소유주에게 빌린 대가로 지급하는 집세
(14) 건물, 토지, 주차장 등을 빌려주고 대가로 받은 집세
(15) 상품을 판매하기 위해 발송하는 경우 외부의 운송업자에게 지급하는 운임
(16) 은행이나 외부인으로부터 자금을 차입하여 사용하는 경우 일정기간이 경과하면 지급하는 금액
(17) 전기요금, 수도요금, 가스요금 등
(18) 종업원에 대한 정기적인 급료와 임금
(19) 토지를 제외한 유형자산을 영업활동에 사용함으로써 감소된 자산의 원가

2. 다음 중 거래의 요소로서 결합될 수 없는 거래는?

① 자산의 증가와 자산의 감소 ② 부채의 증가와 비용의 발생
③ 수익의 발생과 자산의 감소 ④ 자산의 증가와 자본의 증가

3. 다음 중 자산에 속하는 항목으로만 묶은 것은?

(가) 차입금	(나) 배당금	(다) 매출채권
(라) 상품	(마) 건물	(바) 자본금

① (가), (라), (마) ② (나), (다), (바)
③ (다), (마), (바) ④ (다), (라), (마)

4. 다음 중 회계상 거래에 해당되는 것은?

① 포장기계를 1억원에 구입하기로 동서포장과 계약을 체결하다.
② 상품을 1천만원에 매입하기로 ㈜롯데와 계약을 체결하다.
③ 신입사원 2명을 월 2백만원 지급하기로 하고 채용하다.
④ 상품보관용 창고(장부금액 1억원)가 화재발생으로 소실되다.

제5장 회계순환과정

회계의 출발점은 거래이다. 회계의 인식대상은 거래이며, 거래가 아닌 사건은 회계의 대상이 아니다. 거래가 발생하면 거래를 기록하고 기말에 그것을 요약하여 재무제표를 작성한다. 이러한 전체 과정을 회계에서는 회계순환과정(accounting cycle)이라고 하고 다음의 [그림 5-1]과 같다.

[그림 5-1] **회계순환과정**

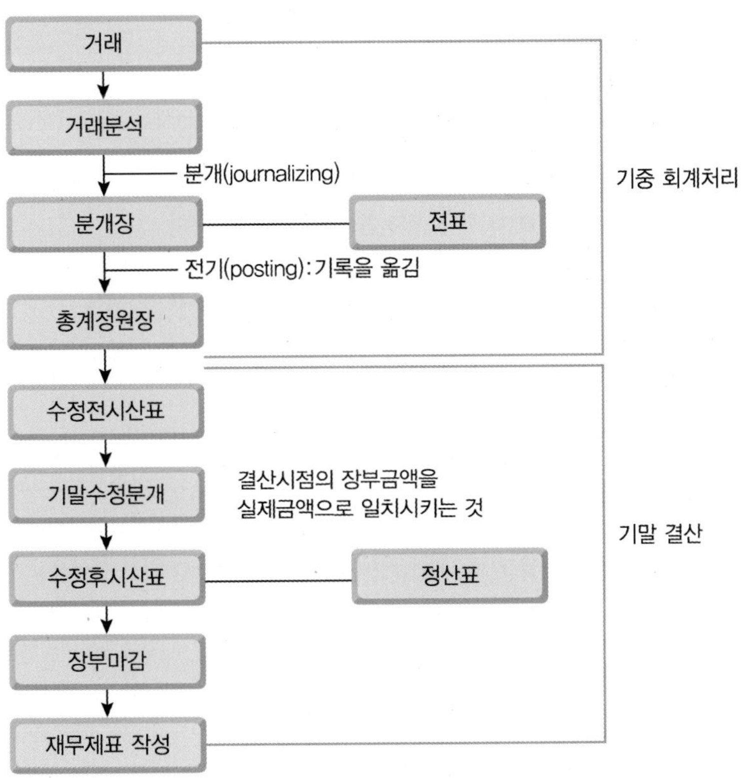

제1절 분개와 전기

회계상의 거래가 발생하면 거래분석을 통해 자산, 부채 및 자본의 변동을 확인하고 분개장에 분개하고 총계정원장에 전기해야 장부에 기록이 된다. 그러나 거래분석을 통해 거래를 분개하기에는 학생들이 너무 어려워 이해하기 힘들어해 이 책에서는 분개와 전기 전에 계정기입을 통해서 계정과목과 계정에 기입훈련을 먼저 하고 분개를 설명할 생각이다.

1.1 계정기입

계정기입(account entry)이란 회계상의 거래가 발생하면 재무상태표등식을 통해 거래분석을 하고 **차변에 한 번 대변에 한 번** 계정에 기입하는 행위로서, 전기(posting)와 달리 분개(journalizing) 전이므로 상대편 계정과목을 기입하기 전에 일자와 금액만 적는 것을 말한다. 여기에 분개 이후에 상대편 계정과목을 기입하면 전기가 된다. 전기는 계정기입에 분개의 상대편 계정과목을 기입하는 것을 말한다.

기본자료 2

상품매매회사인 (주)부경물산의 20×1년 12월 거래내용은 다음과 같다.

12월 1일 주주로부터 현금 100,000원을 출자 받아 회사를 설립하다.

12월 3일 부산은행에서 연 6% 이자 지급조건으로 현금 100,000원을 차입하다.

12월 5일 편의점 장사를 할 수 있는 가게(건물)를 현금 50,000원에 구입하다.

12월 7일 상품배달을 위한 트럭(차량운반구)을 20,000원에 구입하고, 대금은 다음 달에 지급하기로 하다.

12월 10일 상품 50,000원(100개 @500원)을 매입하고 대금은 외상으로 하다.

12월 13일 상품 보관용 창고를 위해 보증금 30,000원, 월세(임차료) 1,000원 지급을 조건으로 부동산회사와 계약을 하다.

12월 15일 상품 50개(@500원)를 50,000원에 판매하여 대금 중 30,000원은 현금으로 받고 나머지는 외상으로 하다.

12월 18일 편의점 공간 일부를 핸드폰가게에 빌려주고 임대료 12,000원을 현금으로 받다.

12월 20일 거래처에 상품 외상매입대금 30,000원을 현금으로 지급하다.

12월 22일 상품 60,000원(100개 @600원)을 매입하고 대금은 1개월 만기 어음을 발행하여 지급하다.
12월 23일 거래처로부터 상품 외상판매대금 10,000원을 현금으로 회수하다.
12월 25일 급여 100,000원을 현금으로 지급하다.
12월 26일 상품 100개(50개 @500원, 50개 @600원)를 120,000원에 판매하고 대금은 현금으로 받다.
12월 28일 보험료 1,800원을 현금으로 지급하다.
12월 29일 상품 보관용 창고에 대한 보증금 30,000원과 월 임차료 1,000원을 현금으로 지급하다.
12월 30일 함양병곡막걸리 100,000원을 대신 판매하고 수수료 2%를 현금으로 받다.
12월 31일 주주에게 배당금 500원을 현금으로 지급하다.

제4장에서 설명한 복식기장의 원칙 ①~⑤를 거래분석과 계정기입으로 양분하여 설명하기로 한다.

12월 1일 주주로부터 현금 100,000원을 출자 받아 편의점을 개업하다.

1) 거래분석(재무상태표등식): ①~③

① 해당계정: '현금'과 '자본금'

② 계정의 속성과 회계요소의 분류: 현금 – 자산계정과 자본금 – 자본계정

③ 증가 또는 감소: 자산증가 그리고 자본증가

자산	=	부채	+	자본
12/1 현금 +100,000원	=		+	자본금 +100,000원

2) 계정기입: ④~⑤

④ 기록장소: 차변 또는 대변의 확정: 자산증가 '차변', 자본증가 '대변'

⑤ 일시와 금액의 결정: 12월 1일 100,000원

자본금계정

차변	대변
	12/1 100,000

현금계정

차변	대변
12/1 100,000	

12월 3일 부산은행에서 연 6% 이자지급 조건으로 현금 100,000원을 차입하다.

1) 거래분석(재무상태표등식): ①~③

① 해당계정: '현금' 과 '차입금'

② 계정의 속성과 회계요소의 분류: 현금－자산계정과 차입금－부채계정

③ 증가 또는 감소: 자산증가 그리고 부채증가

자산	=	부채	+	자본
12/3 현금 +100,000원	=	차입금 +100,000원	+	

2) 계정기입: ④~⑤

④ 기록장소: 차변 또는 대변의 확정: 자산증가 '차변', 부채증가 '대변'

⑤ 일시와 금액의 결정: 12월 3일 100,000원

차입금계정

차변	대변
	12/3 100,000

현금계정

차변	대변
12/3 100,000	

12월 5일 편의점 장사를 할 수 있는 가게(건물)를 현금 50,000원에 구입하다.

1) 거래분석(재무상태표등식): ①~③

① 해당계정: '건물'과 '현금'

② 계정의 속성과 회계요소의 분류: 건물－자산계정과 현금－자산계정

③ 증가 또는 감소: 자산증가 그리고 자산감소

자산	=	부채	+	자본
12/5 건물 +50,000원 현금 -50,000원	=		+	

2) 계정기입: ④~⑤

④ 기록장소: 차변 또는 대변의 확정: 자산증가 '차변', 자산 감소 '대변'

⑤ 일시와 금액의 결정: 12월 5일 50,000원

현금계정

차변	대변
	12/5 50,000

건물계정

차변	대변
12/5 50,000	

12월 7일 상품배달을 위한 트럭(차량운반구)을 20,000원에 구입하고, 대금은 다음 달에 지급하기로 하다.

1) 거래분석(재무상태표등식): ①~③

① 해당계정: '차량운반구'와 '미지급금'

② 계정의 속성과 회계요소의 분류: 차량운반구－자산계정과 미지급금－부채계정

③ 증가 또는 감소: 자산증가 그리고 부채증가

자산	=	부채	+	자본
12/7 차량운반구 +20,000원	=	미지급금 +20,000원	+	

2) 계정기입: ④~⑤

④ 기록장소: 차변 또는 대변의 확정: 자산증가 '차변', 부채증가 '대변'

⑤ 일시와 금액의 결정: 12월 7일 20,000원

미지급금계정

차변	대변
	12/7 20,000

차량운반구계정

차변	대변
12/7 20,000	

12월 10일 상품 50,000원(100개 @500원)을 매입하고 대금은 외상으로 하다.

1) 거래분석(재무상태표등식): ①~③

① 해당계정: '상품'과 '매입채무'

② 계정의 속성과 회계요소의 분류: 상품－자산계정과 매입채무－부채계정

③ 증가 또는 감소: 자산증가 그리고 부채증가

자산	=	부채	+	자본
12/10 상품 +50,000원	=	매입채무 +50,000원	+	

2) 계정기입: ④~⑤

④ 기록장소: 차변 또는 대변의 확정: 자산증가 '차변', 부채증가 '대변'

⑤ 일시와 금액의 결정: 12월 10일 50,000원

매입채무계정

차변	대변
	12/10 50,000

상품계정

차변	대변
12/10 50,000	

12월 15일 상품 50개(@500원)를 50,000원에 판매하여 대금 중 30,000원은 현금으로 받고 나머지는 외상으로 하다.

1) 거래분석(재무상태표등식): ①~③

① 해당계정: '매출채권', '현금'과 '매출'

'매출원가'와 '상품'

② 계정의 속성과 회계요소의 분류: 매출채권 – 자산계정, 현금 – 자산계정
매출 – 수익계정, 매출원가 – 비용계정과 상품 – 자산계정

③ 증가 또는 감소: 자산증가 그리고 수익발생
비용발생 그리고 자산감소

자산	=	부채	+	자본
12/15 현 금 +30,000원 매출채권 +20,000원	=			매 출 +50,000원
상 품 -25,000원	=			매출원가 -25,000원

2) 계정기입: ④~⑤

④ 기록장소: 차변 또는 대변의 확정: 자산증가 '차변', 수익발생 '대변'
비용발생 '차변', 자산감소 '대변'

⑤ 일시와 금액의 결정: 12월 15일 50,000원, 25,000원

매출계정

차변	대변
	12/15 50,000

현금계정

차변	대변
12/15 30,000	

매출채권계정

차변	대변
12/15 20,000	

상품계정

차변	대변
	25,000

매출원가계정

차변	대변
25,000	

12월 18일 편의점 공간 일부를 핸드폰가게에 빌려주고 임대료 12,000원을 현금으로 받다.

1) 거래분석(재무상태표등식): ①~③

① 해당계정: '현금'과 '임대료수익'

② 계정의 속성과 회계요소의 분류: 현금 – 자산계정과 임대료수익 – 수익계정,

③ 증가 또는 감소: 자산증가, 수익발생

자산	=	부채	+	자본
12/18 현　　금 +12,000원	=			임대료수익 +12,000원

2) 계정기입: ④~⑤

④ 기록장소: 차변 또는 대변의 확정: 자산증가 '차변', 수익발생 '대변'

⑤ 일시와 금액의 결정: 12월 18일 12,000원

임대료수익계정

차변	대변
	12/18　12,000

현금계정

차변	대변
12/18　12,000	

12월 20일 거래처에 상품 외상매입대금 30,000원을 현금으로 지급하다.

1) 거래분석(재무상태표등식): ①~③

① 해당계정: '매입채무'와 '현금'

② 계정의 속성과 회계요소의 분류: 매입채무－부채계정과 현금－자산계정,

③ 증가 또는 감소: 부채감소, 자산감소

자산	=	부채	+	자본
12/20 현　　금 -30,000원	=	매입채무 -30,000원		

2) 계정기입: ④~⑤

④ 기록장소: 차변 또는 대변의 확정: 부채감소 '차변', 자산감소 '대변'

⑤ 일시와 금액의 결정: 12월 20일 30,000원

현금계정

차변	대변
	12/20　30,000

매입채무계정

차변	대변
12/20　30,000	

12월 22일 상품 60,000원(100개 @600원)을 매입하고 대금은 1개월 만기 어음을 발행하여 지급하다.

1) 거래분석(재무상태표등식): ①~③

① 해당계정: '상품'과 '매입채무'

② 계정의 속성과 회계요소의 분류: 상품－자산계정과 매입채무－부채계정

③ 증가 또는 감소: 자산증가 그리고 부채증가

자산	=	부채	+	자본
12/22 상　　품 +60,000원	=	매입채무 +60,000원	+	

2) 계정기입: ④~⑤

④ 기록장소: 차변 또는 대변의 확정: 자산증가 '차변', 부채증가 '대변'

⑤ 일시와 금액의 결정: 12월 22일 60,000원

매입채무계정

차변	대변
	12/22 60,000

상품계정

차변	대변
12/22 60,000	

12월 23일 거래처로부터 상품 외상판매대금 10,000원을 현금으로 회수하다.

1) 거래분석(재무상태표등식): ①~③

① 해당계정: '현금'과 '매출채권'

거래분석: ② ~ ④

② 계정의 속성과 회계요소의 분류: 현금－자산계정과 매출채권－자산계정

③ 증가 또는 감소: 자산증가 그리고 자산감소

자산	=	부채	+	자본
12/23 현　　금 +10,000원 매출채권 -10,000원	=			

2) 계정기입: ④~⑤

④ 기록장소: 차변 또는 대변의 확정: 자산증가 '차변', 자산감소 '대변'

⑤ 일시와 금액의 결정: 12월 23일 10,000원

매출채권계정

차변	대변
	12/23 10,000

현금계정

차변	대변
12/23 10,000	

12월 25일 급여 100,000원을 현금으로 지급하다.

1) 거래분석(재무상태표등식): ①~③

① 해당계정: '급여'와 '현금'

② 계정의 속성과 회계요소의 분류: 급여－비용계정과 현금－자산계정

③ 증가 또는 감소: 비용발생 그리고 자산감소

자산	=	부채	+	자본
12/25 현　　금 -100,000원	=			급　　여 -100,000원

2) 계정기입: ④~⑤

④ 기록장소: 차변 또는 대변의 확정: 비용발생 '차변', 자산감소 '대변'

⑤ 일시와 금액의 결정: 12월 25일 100,000원

현금계정

차변	대변
	12/25 100,000

급여계정

차변	대변
12/25 100,000	

12월 26일 상품 100개(50개 @500원, 50개 @600원)를 120,000원에 판매하고 대금은 현금으로 받다.

1) 거래분석(재무상태표등식): ①~③

① 해당계정: '현금'과 '매출', '매출원가'와 '상품'

② 계정의 속성과 회계요소의 분류: 현금－자산계정과 매출－수익계정,
매출원가－비용계정과 상품－자산계정

③ 증가 또는 감소: 자산증가 그리고 수익발생,
비용발생 그리고 자산감소

자산	=	부채	+	자본
12/26 현　　금 +120,000원	=			매　　출 +120,000원
상　　품 -55,000원	=			매출원가 -55,000원

2) 계정기입: ④~⑤

④ 기록장소: 차변 또는 대변의 확정: 자산증가 '차변', 수익발생 '대변'
비용발생 '차변', 자산감소 '대변'

⑤ 일시와 금액의 결정: 12월 15일 120,000원, 55,000원

매출계정

차변	대변
	12/26 120,000

현금계정

차변	대변
12/26 120,000	

상품계정

차변	대변
	12/26 55,000

매출원가계정

차변	대변
12/26 55,000	

12월 28일 보험료 1,800원을 현금으로 지급하다.

1) 거래분석(재무상태표등식): ①~③

① 해당계정: '보험료'와 '현금'

② 계정의 속성과 회계요소의 분류: 보험료 – 비용계정과 현금 – 자산계정

③ 증가 또는 감소: 비용발생 그리고 자산감소

자산	=	부채	+	자본
12/28 현　금 -1,800원	=			급　여 -1,800원

2) 계정기입: ④~⑤

④ 기록장소: 차변 또는 대변의 확정: 비용발생 '차변', 자산감소 '대변'

⑤ 일시와 금액의 결정: 12월 28일 1,800원

현금계정

차변	대변
	12/28　1,800

보험료계정

차변	대변
12/28　1,800	

12월 29일 상품 보관용 창고에 대한 보증금 30,000원과 월 임차료 1,000원을 현금으로 지급하다.

1) 거래분석(재무상태표등식): ①~③

① 해당계정: '임차보증금', '임차료'와 '현금'

거래분석: ② ~ ④

② 계정의 속성과 회계요소의 분류: 임차보증금 – 자산, 임차료 – 비용계정
현금 – 자산계정

③ 증가 또는 감소: 자산증가, 비용발생 그리고 자산감소

자산	=	부채	+	자본
12/29 임차보증금 +30,000원 현　금 -31,000원	=			임차료 -1,000원

2) 계정기입: ④~⑤

④ 기록장소: 차변 또는 대변의 확정: 자산증가, 비용발생 '차변',
자산감소 '대변'

⑤ 일시와 금액의 결정: 12월 29일 31,000원

현금계정

차변	대변
	12/29 31,000

임차보증금계정

차변	대변
12/29 30,000	

임차료계정

차변	대변
12/29 1,000	

12월 30일 함양병곡막걸리 100,000원을 대신 판매하고 수수료 2%를 현금으로 받다.

1) 거래분석(재무상태표등식): ①~③

① 해당계정: '현금'과 '수수료수익'

② 계정의 속성과 회계요소의 분류: 현금 – 자산계정, 수수료수익 – 수익계정

③ 증가 또는 감소: 자산증가 그리고 수익증가

자산	=	부채	+	자본
12/30 현 금 +2,000원	=			수수료수익 +2,000원

2) 계정기입: ④~⑤

④ 기록장소: 차변 또는 대변의 확정: 자산증가 '차변', 수익증가 '대변'

⑤ 일시와 금액의 결정: 12월 30일 2,000원

수수료수익계정

차변	대변
	12/30 2,000

현금계정

차변	대변
12/30 2,000	

12월 31일 주주에게 배당금 500원을 현금으로 지급하다.

1) 거래분석(재무상태표등식): ①~③

① 해당계정: '이익잉여금'과 '현금'

② 계정의 속성과 회계요소의 분류: 이익잉여금(혹은 배당금) – 자본계정,
현금 – 자산계정

③ 증가 또는 감소: 자본감소 그리고 자산감소

자산	=	부채	+	자본
12/31 현 금 -500원	=			배당금 -500원

2) 계정기입: ④~⑤

④ 기록장소: 차변 또는 대변의 확정: 자본감소 '차변', 자산감소 '대변'

⑤ 일시와 금액의 결정: 12월 31일 500원

현금계정

차변		대변
	12/31	500

배당금계정

차변		대변
12/31	500	

1.2 분개와 전기

기업에서 발생하는 거래는 시시각각으로 끊임없이 발생하기 때문에 거래가 발생한 경우에는 직접 각 계정의 차변과 대변에 기입하면 기록의 오류와 누락이 생기는 경우가 있다. 기록에 대한 정확성을 보증하기 위해서는 거래를 각 계정에 기록하기 전에, 반드시 미리 ① **해당 계정에, ② 그 계정의 대변과 차변에, ③ 동일한 금액**으로 각각 기록하여야 한다.

경영활동을 기록할 때, 복식기장의 원칙에 따라 차변계정에 기록되면, 반드시 대변계정에도 기록되어야 한다. 계정 간의 이러한 차변과 대변의 상호관계를 계정의 대응관계라고 하고, 이러한 대응관계에 있는 차변계정과 대변을 대응계정이라 한다. 계정의 대응관계에 따라서 각 경영활동을 해당 대응계정의 차변과 대변에 동일한 금액을 기입하는 것을 분개라 한다.

회계에서는 일반적으로 '10자 기장규칙(거래의 이중성)'에 따라 거래를 차변과 대변 양쪽으로 나누어 기록하는 것을 **분개**(journalizing)라 한다. 분개(分介)의 한자 의미를 살펴보면 분(分)은 물건을 칼로 나눈다는 의미고, 개(介)는 사람이 물건을 양쪽으로 나누는 것을 뜻한다. 따라서 분개는 발생한 거래를 양쪽으로 나누어 기록하는 것이다. '나누어 기록한다'는 뜻에서 중국에서는 '분록(分錄)'이라 하고, 북한에서는 '분기(分記)'라 하고 있다. 거래가 발생하면 거래의 양면성에 따라 영향을 받는 대응관계에 있는 각 계정에 기록하여야 한다.

거래를 이렇게 차변과 대변 양쪽으로 나누어 기록하는 것을 회계에서는 분개라 한다고 앞에서 설명하였다. 거래를 이와 같이 분개한 후 계정에 기입하면 훨씬 간편하고 쉬워지기 때문에 분개가 필요한 것이다. 그리고 경영활동을 실제와 같이 반영하기 위하여 분개는 이미 발생하였거나 완성된 원시증빙에 의하여 증명할 수 있기 때문에 분개의 객관성을 보증할 수 있다. 분개를 통하여 *有借必有貸, 借貸必相等*의 10자 기장규칙을 즉시 확인할 수 있기 때문에 쉽게 분개의 정확성 여부를 확인할 수 있다.

이와 같은 이유 때문에 다음과 같이 분개를 한 후에 각 계정에 기장을 하게 된다. 여기서는 [기본자료 2]의 12월 1일자 거래를 계정기입, 분개 및 전기를 하면, 자본금계정의 대변과 현금계정의 차변에 각각 50,000을 표시하게 된다.

1단계: 계정기입

자본금계정

차변	대변
	12/1　100,000

현금계정

차변	대변
12/1　100,000	

2단계: 분개

(차) 현　　금　100,000　　(대) 자　본　금　100,000

3단계: 전기

자본금계정

차변	대변
	12/1현금 100,000

현금계정

차변	대변
12/1자본금 100,000	

복식기장법에서는 다음과 같은 사고 과정을 거쳐 '분개'와 '원장의 계정기입'을 하게 된다. 그런데, 왜 계정기입부터 설명하고 분개를 설명하냐면 회계순환과정에서 거래가 발생하면 일기장인 분개장에 분개를 하고 총계정원장에 전기를 하나, 너무 어렵다. 그래서 회계는 계정기입이 더 중요하고 이해하기 쉬우므로 계정기입을 통해 훈련을 해서 분개를 설명하는 것이 학습자의 이해가능성을 높일 수 있기 때문이다. 발생된 거래를 분개한 후에 전기하는 것은 처음 배웠던 계정기입하는 것과 차이점을 무엇일까? 그것은 계정기입은 분개한 후 전기하는 것과 달리 분개를 하지 않은 상태이므로 계정에 기입할 때 상대편 계정과목을 기입하지 않고 일자, blank, 금액을 적는데, 전기(posting)는 분개한 이후이므로 상대편 계정과목이 존재하므로 계정기입시 상대편 계정과목을 적어서, 일자, 상대편 계정과목, 금액으로 기입하는 것이 차이가 있다. 실제적으로 상대편 계정과목을 기입하면 거래의 이중성에 따라 차변이나 대변 한 변의 전기만 봐도 그 거래를 추정할 수 있어서 혹시 장부의 훼손이나 상실에 대비해서 거래를 빠짐없이 기록할 수 있는 장점이 있다.

① 계정의 결정: 어느 계정에 기입할 것인가?
대응관계의 확정(거래의 분석): 그 계정의 어느 변에 기입할 것인가?
계정의 성질에 따라 기입할 차변계정과 대변계정을 확정한다.
② 계정의 성질과 회계요소의 분류
③ 증가 또는 감소
④ 기록장소: 차변 또는 대변의 확정
⑤ 일시와 금액의 결정: 일시와 기입할 금액은 얼마인가?

---

⑥ 2단계: **분개**
위의 ①~⑤ 절차가 확인되면, 다음과 같은 형식에 기록한다.

일자	(차)	계정과목	금액	(대)	계정과목	금액
12월 1일	(차)	현금	50,000	(대)	자본금	50,000

⑦ 정확성의 확인: 대차평형의 원칙에 따라 분개의 정확성 여부를 확인한다.
⑧ 3단계: **전기**(계정기입+상대편 계정과목 적기)

자본금계정

차변	대변
	12.1 현금 50,000

현금계정

차변	대변
12.1 자본금 50,000	

위에서 설명한 ① ~ ⑤는 거래분석과 계정기입에서 설명한 내용과 같다. 따라서 ⑥ ~ ⑧까지가 추가된 것을 알 수 있다. 위에서 설명한 복식기장의 순서와 개념적 틀을 그림으로 요약하면 다음과 같다.

복식기장의 순서와 틀

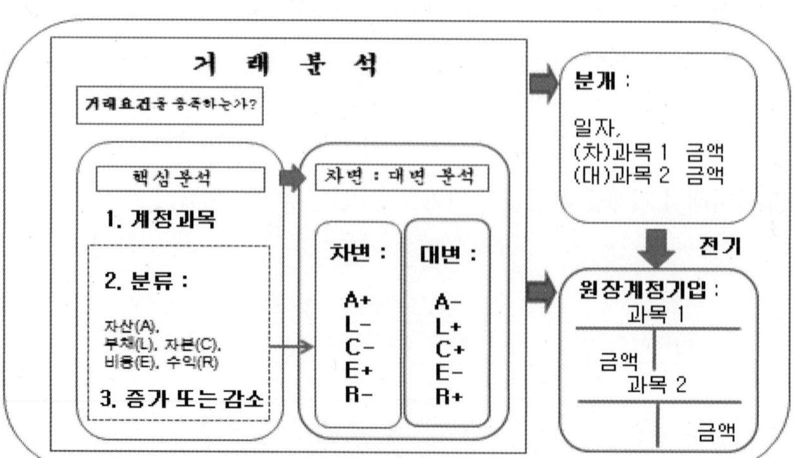

기본자료 2

(주)부경물산의 20×1년 12월 거래에 대한 분개를 정리하면 다음과 같다.

일자	차변	계정	금액	대변	계정	금액
12월 1일	(차)	현금	100,000	(대)	자본금	100,000
12월 3일	(차)	현금	100,000	(대)	차입금	100,000
12월 5일	(차)	건물	50,000	(대)	현금	50,000
12월 7일	(차)	차량운반구	20,000	(대)	미지급금	20,000
12월 10일	(차)	상품	50,000	(대)	매입채무	50,000
12월 15일	(차)	현금	30,000	(대)	매출	50,000
		매출채권	20,000			
12월 18일	(차)	현금	12,000	(대)	임대료수익	12,000
12월 20일	(차)	매입채무	30,000	(대)	현금	30,000
12월 22일	(차)	상품	60,000	(대)	매입채무	60,000
12월 23일	(차)	현금	10,000	(대)	매출채권	10,000
12월 25일	(차)	급여	100,000	(대)	현금	100,000
12월 26일	(차)	현금	120,000	(대)	매출	120,000
	(차)	매출원가	55,000	(대)	상품	55,000
12월 28일	(차)	보험료	1,800	(대)	현금	1,800
12월 29일	(차)	임차보증금	30,000	(대)	현금	31,000
		임차료	1,000			
12월 30일	(차)	현금	2,000	(대)	수수료수익	2,000
12월 31일	(차)	배당금	500	(대)	현금	500

기본자료 2

(주)부경물산의 20×1년 12월 거래에 대한 전기를 정리하면 다음과 같다.

현금계정 (1)

차변	금액	대변	금액
12/1 자본금	100,000	12/5 건물	50,000
12/3 차입금	100,000	12/20 매입채무	30,000
12/15 매출	30,000	12/25 급여	100,000
12/18 임대료수익	12,000	12/28 보험료	1,800
12/23 매출채권	10,000	12/29 제좌	31,000
12/26 매출	120,000	12/31 배당금	500
12/30 수수료수익	2,000		
차변합계	374,000	대변합계	213,300

매출채권계정 (2)

차변	금액	대변	금액
12/15 매출	20,000	12/23 현금	10,000
차변합계	20,000	대변합계	10,000

상품계정 (3)

차변	금액	대변	금액
12/10 매입채무	50,000	12/15 매출원가	25,000
12/22 매입채무	60,000	12/26 매출원가	55,000
차변합계	110,000	대변합계	80,000

임차보증금계정 (4)

차변	금액	대변	금액
12/29 현금	30,000		
차변합계	30,000		

건물계정 (5)

차변	금액	대변	금액
12/5 현금	50,000		
차변합계	50,000		

차량운반구계정 (6)

차변	금액	대변	금액
12/7 미지급금	20,000		
차변합계	20,000		

매입채무계정 (7)

차변	금액	대변	금액
12/20 현금	30,000	12/10 상품	50,000
		12/22 상품	60,000
차변합계	30,000	대변합계	110,000

차입금계정 (8)

차변	금액	대변	금액
		12/3 현금	100,000
		대변합계	100,000

미지급금계정 (9)

차변	금액	대변	금액
		12/7 차량운반구	20,000
		대변합계	20,000

자본금계정 (10)

차변	금액	대변	금액
		12/1 현금	100,000
		대변합계	100,000

배당금계정 (11)

차변	금액	대변	금액
12/31 현금	500		
차변합계	500		

매출계정 (12)

차변	금액	대변	금액
		12/15 제좌	50,000
		12/26 현금	120,000
		대변합계	170,000

임대료수익계정 (13)

차변	금액	대변	금액
		12/18 현금	12,000
		대변합계	12,000

수수료수익계정 (14)

차변			대변		
			12/30	현 금	2,000
				대변합계	2,000

매출원가계정 (15)

차변			대변		
12/15	상 품	25,000			
12/26	상 품	55,000			
	차변합계	80,000			

급여계정 (16)

차변			대변		
12/25	현 금	100,000			
	차변합계	100,000			

보험료계정 (17)

차변			대변		
12/28	현 금	1,800			
	차변합계	1,800			

임차료계정 (18)

차변			대변		
12/29	현 금	1,000			
	차변합계	1,000			

제2절 시산표

2.1 대차평형의 원칙

기업이 경영활동을 하면 복식기장법의 대차기장규칙(거래의 이중성)인 有借必有貸, 借貸必相等에 따라 반드시 계정의 왼쪽(차변)의 기입은 반드시 오른쪽(대변)의 기입을 하게 되고, 어떤 계정의 차변과 다른 계정의 대변에 같은 금액이 기입되므로, 각 계정의 왼쪽(차변)합계와 오른쪽(대변)합계가 일치하는 관계가 성립하게 된다. 따라서 계정 전체를 통해서 본다면 차변금액합계와 대변금액합계와는 반드시 일치하게 된다. 이 일치관계를 **대차평균의 원리**, **대차평형의 원리**(principle of equilibrium), **시산평형의 원칙** 또는 **자동적 검증의 원칙**(principle of self-control)이라 한다. 이것은 복식기장법의 중요한 기본원칙의 하나이다.

그리고 복식기장법은 이 원칙을 응용하여 모든 계정의 차변합계와 대변합계를 상호비교하여 그것이 일치하는가를 확인함으로써, 그 기록과 계산의 정확성을 자동적으로 검증할 수 있다. 만일 그 합계액이 서로 틀리는 경우에는 그 계산이나 기록이 어딘가 잘못이 있다는 것을 의미한다. 이것을 복식기장법의 자기통제의 기능 또는 자동적 검산의 기능이라고 한다.

대차평형의 원칙을 식으로 표시하면 다음과 같이 된다.

① 차변요소의 금액	=	대변요소의 금액
(차변발생액)	=	(대변발생액)
② 차변요소의 합계금액	=	대변요소의 합계금액
③ 차변요소의 잔액	=	대변요소의 잔액

위의 등식에서 ①은 분개에서, ②는 합계시산표에서, ③은 잔액시산표에서 각각 대차평형과 시산평형을 표시한 것과 같다.

㈜부경물산의 20×1년 12월 1개월간의 차변합계금액과 대변합계금액은 다음과 같이 일치한다.

12월 1일	(차)	현금	100,000	(대)	자본금	100,000
거래 1: 12/3	(차)	현금	100,000	(대)	차입금	100,000
거래 2: 12/5	(차)	건물	50,000	(대)	현금	50,000
거래 3: 12/7	(차)	차량운반구	20,000	(대)	미지급금	20,000
거래 4: 12/10	(차)	상품	50,000	(대)	매입채무	50,000
거래 5: 12/15	(차)	현금	30,000	(대)	매출	50,000
		매출채권	20,000			
	(차)	매출원가	25,000	(대)	상품	25,000
거래 6: 12/18	(차)	현금	12,000	(대)	임대료수익	12,000
거래 7: 12/20	(차)	매입채무	30,000	(대)	현금	30,000
거래 8: 12/22	(차)	상품	60,000	(대)	매입채무	60,000
거래 9: 12/23	(차)	현금	10,000	(대)	매출채권	10,000
거래 10 :12/25	(차)	급여	100,000	(대)	현금	100,000
거래 11 :12/26	(차)	현금	120,000	(대)	매출	120,000
	(차)	매출원가	55,000	(대)	상품	55,000
거래 12 :12/28	(차)	보험료	1,800	(대)	현금	1,800
거래 13 :12/29	(차)	임차보증금	30,000	(대)	현금	31,000
		임차료	1,000			
거래 14 :12/30	(차)	현금	2,000	(대)	수수료수익	2,000
거래 15 :12/31	(차)	배당금	500	(대)	현금	500
		차변합계금액	817,300	=	대변합계금액	817,300

정확성의 확인: 기장의 결과 대차평형의 원칙에 따라 차변과 대변이 일치함.

2.2 시산표

회계에서는 원장의 기록이 올바르게 기입되었나 알아보기 위해서 시산표를 작성한다. 거래를 모두 분개장에 분개한 후에 총계정원장에 전기한다. 이때 모든 거래는 각 계정의 차변과 대변에 같은 금액이 기입되므로, 모든 계정의 차변합계금액과 대변합계금액은 당연히 일치할 것이다. 이를 회계에서는 대차평형의 원리라 한다. 이러한 원칙에 의해 총계정원장의 모든 계정을 한 곳에 모아 정리하면 모든 계정의 차변합계액과 대변합계액이 일치하는지를 확인할 수 있어 모든 거래의 분개와 전기가 올바르게 이루어졌는지를 점검할 수 있다.

분 개 장:	차변합계금액	= 대변합계금액
	[분개는 차변, 대변에 모두 같은 금액이 기입]	
총계정원장:	모든 계정의 차변합계금액	= 모든 계정의 대변합계금액
	[대차평형의 원칙에 근거]	
시 산 표:	차변합계금액	= 대변합계금액
	[각 계정의 금액을 집계]	

이와 같이 본격적으로 결산을 하기에 앞서 대차평형의 원리에 의해 총계정원장에 있는 모든 계정의 금액을 모아 정리하여 기입 시 오류가 있었는지를 확인하기 위하여 작성하는 표가 시산표이다. 시산표란 말 그대로 '시(試)험으로 계산(算)해 보는 표(表)'이다. 따라서 총계정원장의 대 · 차변의 합계액 또는 잔액을 한 표에 모은 것을 **시산표(trial balance: T/B)**라 한다. 시산표의 차변합계와 대변합계가 일치하면 원장의 기록이 정확하다는 것을 뜻하고, 만일 차변합계와 대변합계가 일치하지 않으면 원장의 기록에 오류가 있다는 것을 의미한다.

이러한 시산표를 작성함으로써 전기오류와 계산오류를 미연에 막을 수 있어 기업의 장부기입의 정확성을 기할 수 있을 뿐만 아니라, 하나의 표에 모든 계정을 집합시킴으로써 기업의 영업활동이나 재산상태를 파악할 수도 있다. 따라서 시산표를 작성하는 목적은 분개장에서 원장으로의 전기의 정확성 여부를 검증하며, 결산 전의 손익상태나 재무상태의 개요를 알기 위하여 작성한다. 전자를 오류지적기능이라 하며 후자를 재무제표기능이라 한다.

그러나 시산표를 작성하여도 자체적으로 오류를 발견할 수 없는 경우가 있는데, 이들은 다음과 같다.

① 거래 전체의 분개나 전기가 누락된 경우

② 거래를 이중으로 분개하거나 대차 양변에 이중으로 전기한 경우

③ 대차 양변에 틀린 금액을 동일하게 기입하여 분개하거나 전기한 경우

④ 오류가 우연히 상계된 경우

그렇지만 이와 같은 경우에도 통제계정과 보조장 등을 비교해서 오류를 발견할 수 있어야 한다.

시산표는 그 내용에 따라 ① 합계시산표, ② 잔액시산표, ③ 합계잔액시산표의 세 종류가 있으며, 잔액시산표와 합계잔액시산표가 주로 사용된다.

합계잔액시산표는 합계시산표와 잔액시산표를 하나의 표로 결합한 것으로서, 합계금액과 잔액을 한눈에 볼 수 있다. 따라서 합계잔액시산표에서 잔액을 빼고 작성하면 **합계시산표**이고, 합계란을 빼고 작성하면 **잔액시산표**가 된다.

㈜부경물산의 12월 1일부터 12월 31일까지의 각 계정에 기장된 자료를 이용하여 합계잔액시산표 양식으로 수정전시산표를 작성하면 다음과 같다.

수정전시산표

(단위: 원)

차변		원면	계정과목	대변	
잔액	합계			합계	잔액
160,700	374,000	1	현금	213,300	
10,000	20,000	2	매출채권	10,000	
30,000	110,000	3	상품	80,000	
30,000	30,000	4	임차보증금		
50,000	50,000	5	건물		
20,000	20,000	6	차량운반구		
	30,000	7	매입채무	110,000	80,000
		8	차입금	100,000	100,000
		9	미지급금	20,000	20,000
		10	자본금	100,000	100,000
500	500	11	배당금		
		12	매출	170,000	170,000
		13	임대료수익	12,000	12,000
		14	수수료수익	2,000	2,000
80,000	80,000	15	매출원가		
100,000	100000	16	급여		
1,800	1,800	17	보험료		
1,000	1,000	18	임차료		
484,000	817,300		합계	817,300	484,000

제3절 재무제표

기록계산된 내용을 집계하고 정리하여 기업의 경영성적과 재무상태에 대한 일람표인 재무제표를 작성하는 기장원칙을 **정규부기의 원칙**이라 하지만, 일반적으로 정규부기의 원칙은 모든 재무제표가 재산조사법이 아닌 유도법에 따라 작성된다는 것으로 해석된다.

3.1 재무상태표

정규부기의 원칙에 의한 기장은 일상거래를 기초에 작성한 대차대조표(기초대차대조표)의 변화 과정으로서 기록할 수 있다. 그리고 대차대조표에서는 차변에 자산을, 대변에 부채 및 자본을 기록하고, 일상거래를 분개하는데 있어서도 자산의 증가는 그 계정계좌의 차변에, 부채 및 자본의 증가는 각각의 계정계좌의 대변에 기록하게 된다. 이렇게 함으로써 다음에 표시하는 분개에 의해서 용이하게 기말대차대조표를 작성할 수 있다.

부기에서 계정식계산의 원칙에 따라 자산이 감소하는 경우에는 직접 이것을 자산의 계좌의 차변에서 차감하는 것이 아니라, 이것을 자산계정의 대변에 기록한다. 또 부채 및 자본이 감소하는 경우에도 이것을 직접 부채 또는 자본의 대변에서 빼는 것이 아니라 감소한 부채 또는 자본계정의 차변에 기록한다.

따라서 결산 시에 이것을 정리해서 각각의 계정의 차변합계와 대변합계와의 차액을 구해서, 그 계정의 계정잔액을 산정한다. 그 계산의 결과, 각 계정의 잔액이 각각 기말의 대차대조표에 집합시켜 작성하게 된다.

재무상태표

㈜부경물산 20×1년 12월 31일 (단위: 원)

자산	금액	부채 · 자본	금액
현금	160,700	차입금	100,000
매출채권	10,000	매입채무	80,000
상품	30,000	미지급금	20,000
임차보증금	30,000	자본금	100,000
건물	50,000	이익잉여금	700
차량운반구	20,000	(당기순이익)	(1,200)
	300,700		300,700

3.2 손익계산서

수익 · 이익의 발생과 비용 · 손실의 발생은 다음과 같이 처리한다.

수익 · 이익 및 비용 · 손실의 발생은 그 발생의 원인별로 계정과목을 설정하여, 이를 정리하고, 집계하여 비교함으로써, 기업의 손익을 계산한다. 손익계산서는 이러한 목적을 위하여 작성되어진다.

손익계산서

㈜부경물산　　20×1년 12월 1일~20×1년 12월 31일　　(단위: 원)

비 용	합계	수 익	잔액
매출원가	80,000	매출액	170,000
급여	100,000	임대료수익	12,000
보험료	1,800	수수료수익	2,000
임차료	1,000		
당기순이익	1,200		
	184,000		184,000

보 론　장부기장

회계의 순환과정을 표시하면 증빙의 확보 → 거래의 기록 → 기록의 분류 → 기록의 요약 → 재무제표 작성 → 장부의 마감의 순서로 요약된다. 여기서 거래의 기록은 일반적으로 분개라 하며, 분개장에 기입을 하거나 실무에서는 전표에 기입을 한다. 기록의 분류는 총계정원장의 각 계정에 기입하는 것으로, 분개장이나 전표에서 원장에 옮겨 기입하므로 보통 전기라 한다. 기록의 요약은 총계정원장의 계정과목별로 합계와 잔액을 요약하여 시산표를 작성하는 것이고, 작성된 시산표를 기초로 결산보고서를 작성하는 것을 결산이라고도 한다. 여기서 분개, 전기, 시산표의 작성까지는 일상적으로 반복되는 회계절차이고, 시산표를 기초로 한 재무제표의 작성은 주기적으로 회계정보를 산출하기 위한 절차와 마지막으로 회계장부를 마감하는 절차로 3단계로 나누어진다.

1. 분개장과 기장

거래가 발생하면 맨 처음 증빙을 근거로 분개를 함으로써 장부에 기록된다. 분개를 잘못 기입하면 그 이후의 장부기록이 틀리게 된다. 따라서 거래의 분개는 분개장에 정확히 기입하여야 한다. 분개는 거래의 발생순으로 장부에 기입한다. 기술적으로는 모든 거래를 분개장에 기록하지 않고 바로 원장에 기록할 수도 있다. 그러면 왜 원장과 함께 분개장을 이용하는가? 이는 분개장을 추가로 이용하면 다음과 같은 편리한 점이 있기 때문이다.

첫째, 분개장에는 기업의 영업활동에 관한 자료가 발생순서대로 기입된다. 따라서 특정 일자나 특정 기간의 거래에 대한 정보를 얻고자 할 때 거래의 발생일자만으로 언제든지 분개장을 통한 추적이 가능하다.

둘째, 분개장에는 특정 거래와 관련된 차변과 대변에 대한 모든 정보가 한 곳에 나타나며, 거래에 대한 설명도 추가된다. 반면에 원장에는 차변기입과 대변기입이 각각 다른 계정에 나타나기 때문에 원장을 통하여 특정 거래에 관련된 정보를 추적하기란 매우 번거롭다. 그러나 분개장에서는 분개내용을 명기함에 따라 거래발생에 관한 내용을 알 수 있다.

셋째, 분개장을 이용함으로써 회계기록 과정에서의 오류를 방지하는 데 도움이 된다. 거래를 직접 원장에 기입하면 차변기입이나 대변기입 중의 어느 하나를 기입하지 않는다든지, 동일한 거래를 이중으로 기입하게 될 가능성도 있다. 반면에 분개장에는 항상 차변기입과 대변기입이 대칭되어 나타나기 때문에 이와 같은 오류가 발생할 가능성이 줄어든다. 따라서 거래를 직접 총계정원장에 기록하는 경우에 발생할 수 있는 오기나 누락기입 등을 방지한다.

분개장에 기입할 경우의 요령은 다음과 같다.

① 날짜란: 거래가 발생한 날짜를 기입한다. 같은 달의 거래를 같은 페이지에 기입할 경우는 처음에만 기입해도 된다.

② 적요란: 계정과목과 거래내용을 요약해서 기입한다. 왼쪽에는 차변과목을 오른쪽엔 대변과목을 기입한다.

③ 원면란: 분개를 원장의 계정에 전기할 때 계정의 페이지 또는 계정번호를 기입한다.

④ 차변란과 대변란: 분개된 계정과목과 같은 줄에 금액을 기입한다.

⑤ 거래를 구분하기 위하여 하나의 거래가 끝나면 적요란에 적색선을 긋는다.

⑥ 하나의 거래를 두 페이지에 나누어 기입해서는 안 된다.

⑦ 분개장의 페이지를 바꿀 때에는 마지막 줄에 적색선을 긋고 차변과 대변의 금액을 합계해서 기입하고, 적요란에 '다음 페이지로'하라고 기입한 후 다음 페이지 첫 줄의 적요란에

는 '앞 페이지에서'라고 기입하고 차변과 대변란에 전 페이지의 합계금액을 기입한다.

⑧ 마감할 때는 차변과 대변란의 합계선을 긋고 합계금액을 쓴 후 마감선을 긋는다. 이때 날짜란에도 마감선을 긋는다.

기본자료 2

(주)부경물산의 12월 거래를 분개장에 기입하면 다음과 같다.

분개장

제1쪽

일자		적 요	원면	차변	대변
12	1	(현금)	1	100,000	
		(자본금)	10		100,000
		현금을 출자하여 회사 설립하다.			
	3	(현금)	1	100,000	
		(차입금)	8		100,000
		부산은행에서 차입하다.			
	5	(건물)	5	50,000	
		(현금)	1		50,000
		건물을 현금으로 구입하다.			
	7	(차량운반구)	6	20,000	
		(미지급금)	9		20,000
		트럭을 외상으로 구입하다.			
	10	(상품)	3	50,000	
		(매입채무)	7		50,000
		상품 100개를 외상으로 구입하다.			
	15	(현금)	1	30,000	
		(매출채권)	2	20,000	
		(매출)	12		50,000
		(매출원가)	15	25,000	
		(상품)	3		25,000
		상품 50개를 판매하다.			
	18	(현금)	1	12,000	
		(임대료수익)	13		12,000
		임대료를 수취하다			
	20	(매입채무)	7	30,000	
		(현금)	1		30,000
		상품외상매입대금을 지급하다.			

분개장

제2쪽

일자		적 요	원면	차변	대변
12	22	(상품)	3	60,000	
		(매입채무)	7		60,000
		상품을 외상매입하다.			
	23	(현금)	1	10,000	
		(매출채권)	2		10,000
		상품 외상판매대금 회수하다.			
	25	(급여)	16	100,000	
		(현금)	1		100,000
		종업원급여를 지급하다.			
	26	(현금)	1	120,000	
		(매출)	12		120,000
		(매출원가)	15	55,000	
		(상품)	3		55,000
		상품 100개를 판매하다.			
	28	(보험료)	17	1,800	
		(현금)	1		1,800
		보험료를 지급하다.			
	29	(임차보증금)	4	30,000	
		(임차료)	18	1,000	
		(현금)	1		31,000
		임차보증금과 월 임차료를 지급하다.			
	30	(현금)	1	2,000	
		(수수료수익)	14		2,000
		판매수수료를 받다.			
	31	(배당금)	11	500	
		(현금)	1		500
		주주에게 배당금을 지급하다.			

2. 원장과 전기

거래를 분개장에 기입한 후에는 해당 계정에 그것을 옮겨 써야 하는데, 회계에서는 '전기'라고 한다. 그리고 분개장의 분개내용인 계정과목, 대차구분, 금액 등을 총계정원장의 계정에 옮기는 절차를 **전기(posting)**라 한다. 분개된 모든 거래는 그 분개에 따라 각각의 계정에 옮겨진다. 계정별로 전기하면 많은 시간이 걸리므로 일단 모든 계정을 모은 하나의 장부를 작성하여 기입하는 총장부가 필요한데, 이 장부를 모든 계정이 포함되기 때문에 총계정원장(general ledger) 또는 간단히 원장이라고 한다.

예를 들어, 이사를 왔다고 가정하자. 이불, 소파, 그릇, 치약과 치솔 등의 이삿짐을 어디에 두어야 할 것인가? 이불은 방에 넣고, 소파는 거실에, 그릇은 부엌에, 그리고 치약과 치솔은 목욕탕에 각각 용도에 따라 알맞은 장소에 두어야 할 것이다.

이삿짐의 분석	⟶	알맞은 장소
이불		방
소파 분류		거실
그릇		부엌
치약과 치솔		목욕탕
거래의 분석	⟶	계정과목

이와 같이 거래인 이삿짐을 분류하여 이삿짐의 성격에 따라 알맞은 장소인 계정에 분류하는 작업을 전기한다고 한다. 따라서 총계정원장은 계정과목표상의 모든 계정(각 용도에 따라 알맞은 장소)에 분개장에서 분개한 거래를 전기하여 그 증감을 계산하는 장부이다.

분개장에 기입된 자료는 어떤 특정 거래가 기업의 재무상태 및 경영성과에 미치는 전체적인 영향을 강조하는 반면, 원장에 기입한 자료는 기업의 모든 영업활동이 특정 항목, 즉 계정과목에 미치는 영향을 강조한다. 따라서 원장에서 표시된 계정에서 특정 항목에 대한 현재시점의 계정잔액을 파악할 수 있다. 각 계정에서 계산된 기말잔액은 재무제표를 작성하는 데 직접 이용된다.

3. 분개장에서 총계정원장으로의 전기법

분개장에 기입된 내용을 기입 즉시 원장으로 전기할 필요는 없다. 거래가 일단 분개장에 기입되면 기초자료는 이미 확보된 것이므로 언제든지 원장으로 전기하여 계정잔액을 수정할 수 있기 때문이다. 전기에 따르는 번거로움을 피하기 위하여 대부분의 기업은 정보의 필요 정도에 따라 매일 한 번, 일주일에 한 번, 때로는 한 달에 한 번씩 주기적으로 함께 모아 전기하게 된다.

총계정원장으로의 전기는 다음과 같은 순서로 한다.

분개장의 차변의 계정과목에 대하여

① 원장의 '해당계정과목'을 찾는다.

② 계정과목의 '해당변(차변 · 대변)'을 확인한다.

③ 일자, 적요란에 '대응하는 계정과목', 금액을 기록한다.

분개장의 대변의 계정과목에 대해서도 ①, ②, ③을 반복한다.

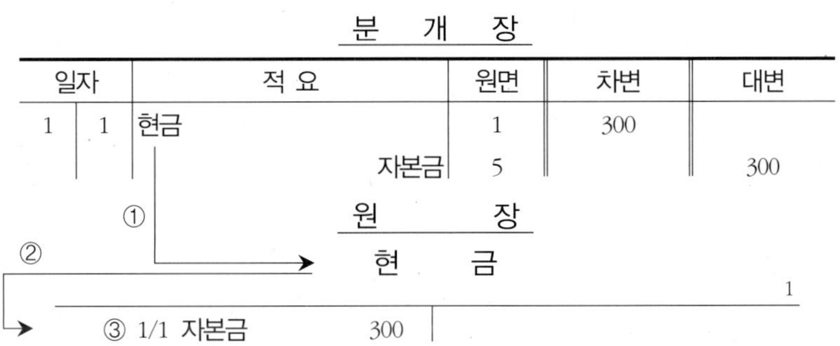

분개장에서 총계정원장으로의 전기는 다음과 같은 요령으로 한다.

현 금

(1)

차변 대변

일자		적 요	분면	금액	일자		적 요	분면	금액
1	1	자 본 금		300					
	①	②	③	④					

① 날짜란: 분개장에 기입된 거래연월일을 기입한다.

② 적요란: 분개장의 상대 계정과목을 기입하는데, 상대 계정과목을 기입하는 이유는 적요란으로부터 거래를 추정할 수 있기 때문이다. 계정과목이 2개 이상인 경우에는 제좌(諸座)라고 기입한다.

③ 분면란: 거래가 분개된 분개장의 면수(페이지수)를 기입한다. 분면이란 분개장이 면

수라는 의미이다.

④ 차변란과 대변란: 차변란에는 분개장의 차변금액을, 대변란은 분개장의 대변금액을 기입한다.

⑤ 분개장의 원면란: 전기가 완료된 것을 나타낼 때에 분개장의 원면란에는 원장의 면수(페이지수) 또는 해당 계정의 번호를 기입한다.

⑥ 잔액식의 원장인 경우에는 '잔액란'에 잔액을 기입함과 함께, 잔액이 차변잔액인지 대변잔액인지를 알 수 있도록 '차 또는 대'란에 '차', '대'를 기입한다.

기본자료 2

(주)부경물산의 12월 거래를 총계정원장에 전기하면 다음과 같다.

총계정원장

현금계정

제1쪽

차변 대변

일자	적 요	분면	금 액	일자	적 요	분면	금 액
12.1	현금 출자	1	100,000	12.5	건물 구입	1	50,000
12.3	은행 차입	1	100,000	12.20	매입채무 지급	1	30,000
12.15	상품 판매	1	30,000	12.25	급여 지급	2	100,000
12.18	임대료 수취	1	12,000	12.28	보험료 지급	2	1,800
12.23	매출채권 회수	2	10,000	12.29	임차보증금과 임차료 지급	2	31,000
12.26	상품 판매	2	120,000	12.31	배당금 지급	2	500
12.30	판매수수료 수취	2	2,000				
	합계		374,000		합계		213,300

매출채권계정

제2쪽

차변 대변

일자	적 요	분면	금 액	일자	적 요	분면	금 액
12.15	상품 판매	1	20,000	12.23	매출채권 회수	2	10,000
	합계		20,000		합계		10,000

상품계정

제3쪽

차변 대변

일자	적 요	분면	금 액	일자	적 요	분면	금 액
12.10	상품 100개 외상 매입	1	50,000	12.15	상품 100개 판매	1	25,000
12.22	상품 100개 어음발행매입	2	60,000	12.26	상품 100개 판매	2	55,000
	합계		110,000		합계		80,000

임차보증금계정

제4쪽

차변 대변

일자	적 요	분면	금 액	일자	적 요	분면	금 액
12.29	창고 임차보증금 지급	2	30,000				

건물계정

제5쪽

차변 대변

일자	적 요	분면	금 액	일자	적 요	분면	금 액
12.5	건물 현금 구입	1	50,000				

차량운반구계정

제6쪽

차변 대변

일자	적 요	분면	금 액	일자	적 요	분면	금 액
12.7	트럭 외상 구입	1	20,000				

매입채무계정

제7쪽

차변 대변

일자	적 요	분면	금 액	일자	적 요	분면	금 액
12.20	외상매입대금 지급	1	30,000	12.10	상품 외상 매입	1	50,000
	합계		30,000		합계		50,000

차입금계정

제8쪽

차변 대변

일자	적 요	분면	금 액	일자	적 요	분면	금 액
				12.3	부산은행에서 차입	1	100,000

미지급금계정

제9쪽

차변 대변

일자	적 요	분면	금 액	일자	적 요	분면	금 액
				12.7	트럭 외상 구입	1	20,000

자본금계정

제10쪽

차변 대변

일자	적 요	분면	금 액	일자	적 요	분면	금 액
				12.1	현금 출자	1	100,000

배당금계정

제11쪽

차변 대변

일자	적 요	분면	금 액	일자	적 요	분면	금 액
12.31	배당금 지급	2	500				

매출계정

제12쪽

차변 대변

일자	적 요	분면	금 액	일자	적 요	분면	금 액
				12.15	상품 판매	1	50,000
				12.26	상품 현금 판매	2	120,000
					합계		170,000

임대료수익계정

제13쪽

차변 대변

일자	적 요	분면	금 액	일자	적 요	분면	금 액
				12.18	임대료 수취	1	12,000

수수료수익계정

제14쪽

차변 대변

일자	적 요	분면	금 액	일자	적 요	분면	금 액
				12.30	판매수수료 수취	2	2,000

매출원가계정

제15쪽

차변 대변

일자	적 요	분면	금 액	일자	적 요	분면	금 액
12.15	상품 50개 판매	1	25,000				
12.26	상품 100개 판매	2	55,000				
	합계		80,000				

급여계정

제16쪽

차변 대변

일자	적 요	분면	금 액	일자	적 요	분면	금 액
12.25	급여 지급	2	100,000				

보험료계정

제17쪽

차변 대변

일자	적 요	분면	금 액	일자	적 요	분면	금 액
12.28	보험료 지급	2	1,800				

임차료계정

제18쪽

차변 대변

일자	적 요	분면	금 액	일자	적 요	분면	금 액
12.29	월 임차료 지급	2	1,000				

연습문제

1. 다음은 ㈜부경상사의 20×1년 12월의 주요 거래내역이다. 이 회사는 회계기간은 1개월이며, 매월 결산을 하고 재무제표를 작성하고 있다.

12월 1일 주주들이 출자하여 현금 ₩400,000이 ㈜부경상사에 납입되었다. ㈜부경상사는 사무실과 복사기계를 사용하기 위한 임차계약을 체결하고, 1개월마다 임차료 ₩2,000을 지급하기로 계약하였다. 또한 매월 급여 ₩10,000을 주기로 하고 종업원을 채용하였다.

12월 3일 소모품 ₩1,000을 구입하였다. 구입대금 중 ₩500은 현금으로 지급하고 나머지는 1개월 후에 지급하기로 하였다.

12월 5일 수협은행에서 연 5%의 이자율로 ₩300,000을 차입하였다. 차입금에 대한 이자는 매월 30일에 지급한다.

12월 6일 책상 등 ₩10,000 상당의 사무실 집기를 외상으로 구입하였다.

12월 8일 상품 ₩100,000(100개 @₩1,000)을 매입하고 반은 현금으로 지급하고 반은 1개월 만기 어음을 발행하여 지급하기로 하였다.

12월 10일 상품 50개를 ₩100,000에 판매하고 대금 중 ₩30,000은 현금으로 받고, 나머지는 1개월 후에 받기로 하였다.

12월 15일 상품 ₩150,000(100개 @1,500)을 매입하고 다음 달에 지급하기로 하였다.

12월 20일 상품 100개를 ₩200,000에 판매하고 대금은 거래처 발행 1개월 약속어음을 받았다. 단, 판매한 상품의 매출원가는 선입선출법가정, 즉 먼저 매입한(first-in) 상품을 먼저 판매한다(first-out)는 가정에 따른다.

12월 22일 다음달에 지급할 상품의 외상매입대금 중 ₩100,000을 현금으로 지급하였다.

12월 24일 상품의 외상판매대금 중 ₩50,000을 현금으로 회수하였다.

12월 26일 종업원 급여 ₩10,000을 현금으로 지급하였다.

12월 27일 롯데백화점으로부터 수탁판매 받은 상품 ₩1,500,000을 판매하고 그 수수료 4%를 현금으로 받았다. 단, 수수료는 매출로 기록하지 않는다.

12월 28일 사무실과 복사기계 사용에 따른 임차료 ₩2,000을 현금으로 지급하였다.

12월 29일 거래처로부터 다음 달에 상품을 인도하기로 하고 선금으로 ₩100,000을 받았다.

12월 30일 수협은행 차입금의 이자 ₩1,250을 현금으로 지급하였다.

12월 31일 주주총회에서 이익배당을 결정하고 주주들에게 배당금 ₩500을 다음달 1일에 지급하기로 하였다.

[요구사항] 위 거래에 대해 다음 물음에 답하라.

1. 재무상태표등식에 표시(거래분석)하라.
2. 계정기입하라.
3. 분개하고 전기하라.
4. 합계잔액시산표를 작성하라.
5. 당기순이익은 얼마인가? 단, 손익의 계산 방법 중 손익법에 의해 설명하라.

2. 다음은 청소용역을 제공하는 ㈜부경클린의 20×1년 12월의 주요 거래내역이다. 이 회사는 회계기간은 1개월이며, 매월 결산을 하고 재무제표를 작성하고 있다.

12월 1일 주주들이 현금 ₩400,000과 건물 ₩600,000을 출자하고, 부산은행에서 연 6%의 이자율로 ₩500,000을 대출받아 ㈜부경클린을 설립하고 영업을 개시하였다.

12월 2일 컴퓨터 등 ₩140,000 상당의 사무실 집기와 중고트럭 ₩460,000를 외상으로 구입하였다.

12월 4일 ㈜럭키세제로부터 청소용 세제(소모품) 100개를 ₩200,000에 외상(매입채무)으로 구입하였다.

12월 6일 건물에 대한 1년분 화재보험료 ₩60,000과 트럭에 대한 1년분 자동차보험료 ₩120,000을 현금으로 지급하였다. 단, 보험료는 계정과목을 세분해야 할 만큼 중요한 비용은 아니다.

12월 7일 청소용역 ₩390,000을 제공하고 대금은 ₩130,000을 현금으로 받고 나머지는 거래처 발행 약속어음을 받았다.

12월 8일 청소용 세제 중 10개 품질불량으로 반품시켰다.

12월 9일 12월에 청소용역을 제공하기로 국립 부경대학교와 계약을 하고 현금 ₩100,000을 받았다.

12월 10일 청소용 세제 중 10개를 광고선전의 목적으로 단골인 아파트 주민들에게 무상으로 나누어 주었다.

12월 13일 ㈜럭키세제에게 청소용역 ₩630,000을 제공하고 대금은 ㈜럭키세제에 대한 소모품 외상매입대금 잔액으로 상계하고 ₩200,000 상당의 진공청소기(비품)를 현금 대신 받았으며, 나머지는 청소용 세제 100개를 현금 대신 받았다.

12월 15일 거래처의 요청으로 연 3% 이자를 받기로 하고 ₩200,000을 1년간 빌려주었다. 이자는 원금을 받을 때 받기로 하였다.

12월 17일 건물에 있는 빈 사무실을 ㈜KT에 임대하고 보증금 ₩100,000과 월 임대료 ₩10,000을 현금으로 받았다.

12월 20일 사무실 집기와 중고트럭에 대한 외상대금을 각각 ₩120,000씩 현금으로 지급하였다.

12월 21일 광고선전의 목적으로 나눠준 청소용 세제가 집안청소에 아주 유용하여 아파트 주민들이 원가로 판매하라고 하여 100개를 판매하고 대금은 현금으로 받았다. 단, 소모품의 판매는 상품판매와 달리 매출로 처리하지 않으며, 판매된 소모품의 원가는 선입선출법(FIFO) 가정에 따른다.

12월 22일 12월 7일 거래처로부터 받아 둔 약속어음 ₩260,000을 거래처에 지급제시하고 현금으로 받았다.

12월 24일 대표이사 월급 ₩50,000과 종업원 월급 ₩250,000을 근로소득세 10% 원천징수하여 공제하고 나머지를 대표이사와 종업원에게 현금으로 지급하였다.

12월 25일 1월에 제공하기로 했던 국립 부경대학교에 대한 청소용역 ₩300,000를 제공하고 잔금은 원래 제공하기로 했던 1월에 받기로 하였다.

12월 26일 중고트럭 중 노후화된 취득원가 ₩100,000 상당부분을 ₩90,000에 처분하고 대금은 다음달에 받기로 하였다. 단, 취득원가와 처분대가의 차액은 유형자산처분이익(또는 손실)으로 처리한다.

12월 27일 부산은행에 대한 차입금 원금 ₩200,000을 상환하고 12월분 이자를 현금으로 지급하였다. 단, 차입금에 대한 이자계산은 월 단위로 하고 일수계산은 하지 않는다.

12월 28일 회사는 주주총회를 열어 주주들에게 배당금 ₩5,000을 지급하기로 선언하였다. 실제 지급은 12월 2일에 이루어졌으며, 미지급된 배당금은 부채인 미지급배당금으로 처리한다.

12월 30일 거래처에 빌려준 ₩200,000에 대한 15일간 발생한 이자는 수익으로, 아직 받지 못한 이자수익에 대한 받을 권리는 자산(미수수익)으로 처리한다. 단, 대여금에 대한 이자계산은 월 단위로 계산해서 일수계산을 한다.

12월 30일 월말 현재 보유하고 있는 청소용 세제(소모품)는 ₩100,000이었다. 영업활동을 위해 사용된 소모품을 소모품비(비용)로 인식하고 남아 있는 잔액을 소모품(자산)으로 재무상태표에 나타내도록 한다.

[요구사항] 위 거래에 대해 다음 물음에 답하라.

1. 재무상태표등식에 표시(거래분석)하라.
2. 분개하고 전기하라.
3. 합계잔액시산표를 작성하라.
4. 당기순이익은 얼마인가? 단, 손익의 계산 방법 중 재산법에 의해 설명하라.

3. 다음은 (주)부경물산의 20×1년 12월 총계정원장이다. 아래의 물음에 답하라.

현 금 계 정

차변합계	1,700,000	대변합계	300,000
정상잔액	?		

매출채권계정

12.15	300,000	12.18	150,000

상품계정

12.10	200,000	12.15	150,000

비품계정

12.5	50,000		

매입채무계정

12.29	50,000	12.10	100,000

미지급금계정

		12.5	40,000

차입금계정

		12.3	500,000

자본금계정

		12.1	1,000,000

매출계정

		12.15	300,000

임대료수익계정

		12.20	50,000

매출원가계정

12.15	150,000		

급여계정

12.25	100,000		

광고선전비계정

12.28	30,000		

이자비용계정

12.30	10,000		

[물음]

1) 20×1년 12월의 현금계정을 완성하라.

2) 20×1년 12월의 거래를 추정하라.

3) 20×1년 12월 31일 현재 합계잔액시산표를 작성하라.

제6장 결 산

제1절 결산의 목적과 절차

결산은 영어로 closing이라고 하는데 '장부를 마감한다'는 뜻이다. 앞에서 언급했듯이 장부에는 여러 가지가 있으나 가장 핵심이 되는 장부는 바로 원장(총계정원장)이다. 따라서 결산이란 '원장을 마감하는 것'을 의미하며, 다른 장부의 마감은 부수적인 작업에 속한다. 그러나 원장만 마감하면 모든 결산이 끝나는 것은 아니다. 결산의 궁극적인 목표는 기업의 경영활동의 결과를 나타내는 재무상태표와 손익계산서를 작성하는 것이다. 결국 결산은 회계기간 말에 분개장과 총계정원장 등의 장부를 마감하고, 각 계정을 계산, 정리하여 재무상태표와 손익계산서를 작성하는데, 이러한 일련의 절차를 뜻한다. 결산에 의하여 당기순이익을 알 수 있다.

결산을 효율적으로 하기 위하여 다음과 같은 순서로 이루어진다.

---

1. 결산 전의 **예비절차**: 회계정보의 산출과정

① 수정전시산표의 작성	기말수정분개전 원장의 각 계정잔액 [일상적 회계기록의 결과]
② **기말수정분개**와 재고조사표의 작성	기말수정분개 및 전기 [총계정원장의 각 계정금액을 실제금액 또는 당기 발생액과 일치되도록 수정 또는 정리]
③ 수정후시산표의 작성	기말수정분개 및 전기후 원장의 각 계정잔액 [주기적 기말수정분개 및 전기 후 총계정원장 금액을 실제금액으로 일치]

또는 **정산표**의 작성	수정전시산표에 기말수정분개를 하고 수정후 계정잔액으로 재무상태표와 손익계산서를 작성하는 과정을 표시한 표

2. **결산본절차**: **총계정원장 마감** [회계순환절차의 완료]

④ 수익과 비용계정의 마감	(집합)손익계정의 설정
	원장의 모든 수익 · 비용계정을 손익계정에 대체
	(집합)손익계정잔액 이익잉여금계정으로 대체
⑤ 자산 · 부채 · 자본계정의 마감	총계정원장의 마감
	분개장과 보조장부의 마감
	이월시산표의 작성

3. **재무제표**의 작성	손익계산서와 재무상태표의 작성
	(집합)손익계정 → 손익계산서
	이월시산표 → 재무상태표

제2절 기말수정분개와 재고조사표의 작성

2.1 기말수정분개

시산표에 의해 장부의 기록이 정확하다고 판단되면 다음으로는 장부의 기록이 실제의 재무상태나 경영성과를 정확히 나타내고 있는지를 조사하여야 한다. 아무리 원장의 기록이 정확하다 하더라도 원장상의 장부금액과 실제금액이 다르다면 장부금액을 실제금액으로 수정하여야 한다. 기말수정분개란 원장의 금액을 실제금액 또는 당기발생액에 일치되도록 정리 또는 수정하는 절차를 말한다.

기말수정분개: 장부금액과 실제금액을 일치시킨다.

회사의 재무상태와 경영성과를 알기 위해 작성하는 재무상태표와 손익계산서는 원장을 토대로 만드는 것인데, 원장의 금액이 실제금액 또는 당기발생금액과 일치하지 않는다면 결산의 의미가 없기 때문이다. 따라서 장부상의 금액과 실제금액이 일치하지 않는 경우를 모두 조사해서 장부상의 금액을 실제금액으로 수정하는 절차가 필요한데, 이와 같이 결산 시에 기업의 재무상태와 경영성적을 정확히 표시하기 위한 결산예비절차로서 장부금액을 실제금액과 당기발생금액에 일치시키는 절차를 **기말수정분개**라고 한다.

2.2 재고조사표의 작성

결산 시에는 1기간 중에 행하여진 일상의 거래기록의 결과를 집합하는 것으로 충분한 것은 아니다. 일상의 거래기록 이외에도 발생한 가치증감의 사실의 유무에 대하여, 다시 조사하고 이것을 기록으로 계산할 필요가 있다. 또는 이미 행하여진 기록 이외에도 그 후의 사정의 변화에 의하여 수정을 요하는 것이 있을 때, 이것을 수정하여야 한다. 이 경우 일상의 거래기록 이외에 발생한 가치증감의 사실을 확실히 하기 위해서 상품, 재료, 소모성 공구류, 소모품 등에 대해서 그 실제재고를 조사하는 절차를 **재고조사**라고 한다.

재고조사를 하기 위해서는 먼저 재고조사표(inventory ticket)를 작성한다. 재고조사표에는 상품의 실사액뿐만 아니라 금융자산의 평가, 매출채권에 대한 대손상각, 유형자산의 감가상각, 무형자산의 상각, 수익 · 비용의 이연과 발생 등에 관한 사항이 모두 기재된다.

제3절 기말수정분개

3.1 수익 · 비용의 이연과 발생

기말수정분개의 회계처리를 실시하는 이유로써 기중의 현금거래가 발생한 시점에서 기말까지 인식되어야 할 수익과 비용이 불분명한 경우에 자산에 대하여 재고조사를 통하여, 결산 시 장부상의 금액을 재고조사된 실제금액으로 수정하여 정리하는 것을 자산의 기말수정분개라 한다.

해당 기간의 정확한 손익을 계산하기 위해서는 당기에 발생한 수익과 비용을 모두 인식해야 하며, 이를 위하여 '수익과 비용의 기말수정분개'가 필요하다. 기말결산시 수익과 비용에 속하는 각 계정의 잔액은 단순히 현금의 수입과 지출에 의하여 기록된 것에 불과한 것으로, 해당 기간에 귀속시켜야 할 모든 수익과 비용을 표시하는 것은 아니다. 따라서 현금의 수입과 지출과는 관계없이 당기에 발생하여 귀속시켜야 하는 수익과 비용을 정해야 하는데, 이를 수익과 비용의 정리 또는 손익의 정리라고 한다.

구체적으로 보험료, 임차료, 지급이자 등 당기에 지급한 비용 중에는 다음 기에 가서야 비용으로 될 것이 포함되어 있는 경우가 있다. 이들 비용은 1년분을 미리 지급하는 것이 보통이다. 그리고 기업에서는 당기에 여러 가지 서비스 등을 제공하고도 그에 대한 대가를 받지 않았기 때문에 결산시점까지 아직 수익으로 기록되지 않는 경우가 있다. 전자는 수익과 비용의 발생보다는 현금의 수입과 지출이 먼저 발생된 것이고, 후자는 현금의 수입과 지출보다는 수익과 비용의 발생이 먼저 발생한 예이다.

따라서 원장의 각 수익과 비용계정에 차기에 속하는 부분이 포함되어 있는 경우에는 당기의 수익과 비용이 과대기록되기 때문에 차기의 수익과 비용으로 이월시키는 한편, 당기의 수익과 비용에서 제외시켜야 한다. 반대로 아직 현금을 주고받지 않은 수익과 비용이라도 당기에 발생한 것으로 보아야 하는 것이 있는 경우에는 미리 당기의 수익과 비용에 계상하는 한편, 차기의 수익과 비용에 포함되지 않도록 처리해야 한다.

수익에 관계되는 유형 2개와 비용에 관계되는 유형 2개로 분류된다. 이들 수익과 비용에 관한 수정은 현금흐름의 시기가 손익의 인식시기보다는 앞서는 경우인 선급과 선수형, 뒤따르는 경우인 미지급과 미수형으로 나누어진다. 이러한 수정은 재무상태표에 대한 수정과 손익계산서에 대한 수정의 조합이다. 따라서 수정분개는 재무상태표 계정을 수정하는 동시에 손익계산서 계정을 수정하는 형태로 이루어진다.

---

① 선급비용: 비용이 발생되기 전에 현금을 미리 지급한 경우
② 선수수익: 수익이 실현되기 전에 현금을 미리 받은 경우
③ 미지급비용: 연말 현재 비용은 발생하고 아직 현금을 지급하지 않은 경우
④ 미수수익: 연말 현재 수익은 실현되었으나 아직 현금을 받지 못한 경우

■ 수익과 비용의 결산정리 방법

• 비용과 수익의 이연: 차기에 속하는 비용과 수익은 당기 비용과 수익에서 뺀다.

① 선급비용: 당기 비용에서 빼고 → 차기 비용으로 이연
[당기 선급비용(자산)으로]

② 선수수익: 당기 수익에서 빼고 → 차기 수익으로 이연
[당기 선수수익(부채)으로]

• 비용과 수익의 발생: 당기에 속하는 비용과 수익은 당기에 실제로 현금의 지출이나 수입이 없더라도 당기의 비용과 수익으로 인식한다.

③ 미지급비용: 당기 비용으로 기록 → 당기 비용에 더하고
[당기 미지급비용[1](부채)으로]

④ 미수수익: 당기 수익으로 기록 → 당기 수익에 더하고
[당기 미수수익[2](자산)으로]

---

1) 선급비용

비용이 발생하기 전에 현금이 미리 지급된 경우에 필요한 수정이다. 현금이 미리 지급되게 되어 당기의 지출효과가 회계기간뿐만 아니라 그 이후 회계기간의 수익을 얻는데 역할을 할 것으로 예상된다. 일반적으로 지출된 금액을 자산으로 처리하고, 그러나 예상되지 않으면 비용으로 처리한다.

사업목적을 위한 영업활동에서 발생한 선급액을 선급금계정을 이용하여 기입하고, 기타의 비용으로 인하여 발생한 선급액은 선급비용계정을 이용하여 기입한다.

이 선급비용(prepaid expenses)은 '미리 준 것이므로 받을 권리가 있다'는 뜻에서 자산으로 기록되기도 한다. 기말에는 자산으로 기록된 자산 중 사용하여 비용화된 것은 비용으로 인식하고, 나머지 비용화되지 않은 부분만 자산으로 남게 하는 조정이 이루어져야 한다.

그러나 구입시에 비용으로 처리한 경우에는, 결산시에 사용되지 않고 남은 부분은 자산으로 처리하여야 한다. 이러한 유형의 특성은 현금지급이 비용인식보다 앞서기 때문에 수정하기 전까지는 선급비용이 장부에 미리 기록되어 있다는 것이다.

선급비용의 성격을 가지고 있는 항목은, 현금이 미리 지급되게 되면 선급비용 성격의 자산 또는 비용으로 일단 기록한다. 그리고 기말에 기록된 선급비용 성격의 자산 중 비용이 된 부분을 비용으로 하고, 나머지는 자산으로 남게 하는 수정절차가 필요하다.

이와 같이 선급비용에 속하는 항목을 기록하는 방법에는 다음 두 가지가 있다.

• 제1법: 구입시에 '자산 : 선급비용' 성격으로 처리하고, 결산시에 당기의 소비분을 '비용'으로, 나머지는 자산으로 남게 하는 방법(자산계상법)
  ㉦ 단기간(1년 이내)에 소멸: 소모품계정, 선급보험료계정
  장기간(2년 이상)에 걸쳐서 소멸: 유형자산과 감가상각비계정

---

1) 지급하지 못한 비용
2) 수취하지 못한 수익

- **제2법**: 구입시에 '비용'으로 처리하고, 결산시에 당기의 소비분은 '비용'으로, 나머지는 '자산'으로 처리하는 방법(비용계상법)
  예 소모품비계정, 보험료계정

(1) 소모품비와 소모품

소모품이란 기업이 늘 사용하는 사용하면 닳아 없어지거나 못 쓰게 되는 물품으로써 문방구, 청소용품, 장부 · 전표의 사무용품 등을 말한다. 소모품 중에 당기 사용분은 소모품비로 하여 비용으로 계상하여야 하고, 미사용분은 자산으로 계상하여야 한다. 소모품을 기록하는 방법은 기본적으로 비용이 발생하기 전에 현금이 미리 지급된 경우이기 때문에, 현금이 미리 지급되게 되면 선급비용 성격의 자산(소모품계정) 또는 비용(소모품비계정)으로 일단 기록한다. 그리고 기말에 기록된 선급비용 성격의 자산(소모품계정) 중 비용이 된 부분을 비용(소모품비계정)으로 하고, 나머지는 자산(소모품계정)으로 남게 하는 수정절차가 필요하다. 소모품을 기록하는 방법에는 다음 두 가지가 있다.

- **제1법**: 구입시에 소모품(자산: 선급비용 성격)으로 처리하고, 결산시에 당기의 소비분을 소모품비(비용)로 처리하고, 나머지는 소모품(자산)으로 남게 하는 방법.
- **제2법**: 구입시에 소모품비(비용)로 처리하고, 결산시에 당기의 소비분은 소모품비(비용)로 처리하고, 나머지는 소모품(자산)으로 처리하는 방법.

■ **거래: 9월 1일 사무용 소모품 150원을 현금으로 구입하다.**

분개는 다음과 같다.

제1법	9/1	(차)	소모품 [자산의 증가]	150	(대)	현금 [자산의 감소]	150
제2법	9/1	(차)	소모품비 [비용의 증가]	150	(대)	현금 [자산의 감소]	150

결산일 12월 31일 소모품을 조사한 결과 50원이 남아 있는 것으로 확인되었을 때, 제1법에 따르면 장부상 소모품재고액은 150원이다. 그러나 실제재고는 50원이므로 차액 100원은 기중에 사용된 것으로서 이를 비용으로 계상하는 수정절차가 필요하다. 그러나 제2법에 따르면 소모품재고액이 실재로는 50원이 남아 있음에도 불구하고 장부에는 재고액이 없이

모두 비용으로 기록되었기 때문에 미사용 부분을 자산으로 계상하고, 같은 금액만큼의 비용을 줄여주는 수정을 하여야 한다. 수정을 위한 분개와 총계정원장의 계정에 기입하면 다음과 같다.

제1법	12/31	(차) 소모품비 [비용의 증가]	100	(대) 소모품 [자산의 감소]	100

소모품계정

9/1	현 금	150	12/31	소모품비	100

소모품비계정

12/31	소 모 품	100	

제2법	12/31	(차) 소모품 [자산의 증가]	50	(대) 소모품비 [비용의 감소]	50

소모품비계정

9/1	현 금	150	12/31	소 모 품	50

소모품계정

12/31	소모품비	50	

이와 같이 결산정리분개 및 전기를 하게 되면 제1법(자산법)과 제2법(비용법)은 분개의 순서에는 차이가 있으나 수정분개 후에는 소모품계정의 차변잔액 50원과 소모품비계정의 차변잔액 100원으로 끝나게 되어 동일한 결과에 이르게 된다. 이를 재무상태표와 손익계산서에 표시하면 다음과 같다.

재무상태표

소모품	50	

손익계산서

소모품비	100	

(2) 보험료와 선급보험료

보험료나 지급이자 등 당기에 지급한 비용 중에 차기에 가서야 비용이 될 것이 포함되어 있는 경우가 있다. 구체적으로 건물 및 기계설비에 대한 화재보험료의 경우를 생각해 보자. 화재보험료는 1년분을 미리 지급하는 것이 보통이다.

■ 거래: 9월 1일자로 보험계약을 맺고 6개월분 보험료 6,000원을 지급하였다.

9월 1일 분개

9/1 (차) 보험료 6,000 (대) 현 금 6,000

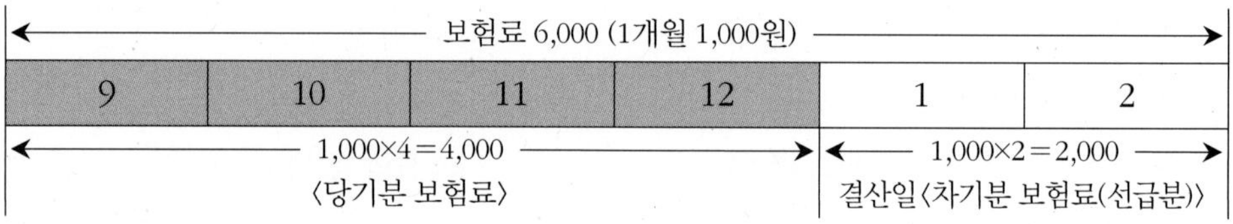

회사의 결산일이 12월 31일이면 결산시점에서 볼 때 보험기간은 아직 4개월 밖에 지나지 않았다. 그러나 보험료는 6개월분을 지급하였으므로 2개월분을 미리 지급한 셈이다. 따라서 12월 말 결산에서 아무런 정리분개나 전기를 하지 않는다면 6,000원의 보험료는 전부 당기의 비용으로 기록되어 다음 기간의 비용이 되어야 하는 2,000원만큼 과대기록이 되고, 다음 기간에는 보험료가 0원이 되어 2,000원만큼 차기의 비용이 과소 기록됨으로써 기간순이익이 잘못 계산되는 결과를 초래한다.

따라서 이 보험료를 기간별로 나누어 12월 말 결산에서는 4개월분 4,000원만을 당기비용으로 기록하고, 나머지 2개월분 2,000원은 차기 이후의 비용을 '미리 지급한 비용'이라는 뜻에서 선급비용으로 당기비용에서 뺀다. 이 선급비용은 '미리 준 것이므로 받을 권리가 있다'는 뜻에서 자산으로 기록하는 결산정리분개 및 전기를 하여야 한다.

12/31 (차) 선급비용 2,000 (대) 보험료 2,000
[자산의 증가] [비용의 감소]

보험료계정

차변		대변	
9/1 현 금	6,000	12/31 선급비용	2,000

선급비용계정

차변		대변	
12/31 보 험 료	2,000		

이와 같이 결산정리분개 및 전기를 하게 되면 보험료계정에는 차변에 잔액이 4,000원이 있게 되고, 이 4,000원이 당기비용이 된다. 따라서 당기에 지급한 비용 중에서 차기의 기간에 속하는 비용이 있는 경우에는 정확한 기간순이익을 계산하기 위하여 그에 해당하는 금액을 결산기말에 당기의 비용에서 차감함과 동시에 선급비용이라는 자산계정으로 기록하는 결산정리분개 및 전기가 필요하다.

■ 비용의 선급이 있는 경우의 결산회계처리

당기 결산시 (차) 선급비용(자산) ××× (대) 각 비용계정(비용) ×××

2) 선수수익

기업은 때때로 미래에 제공할 용역의 대가를 고객으로부터 미리 받는 경우가 있다. 이러한 경우에 미리 받은 금액은 아직 수익이 실현되지 아니하였기 때문에 당기의 수익이 아니다. 고객으로부터 미리 현금을 받으면 미래에 상품이나 용역을 제공해야 하는 의무가 발생한다. 따라서 고객으로부터 현금을 미리 받았을 때 현금계정에 차변기입하고, 부채계정인 선수금(또는 선수수익)계정에 대변기입하는 회계처리를 한다. 선수금(또는 선수수익)은 당기에 아직 실현되지 않아 과대계상된 수익은 다음 기간으로 이연시킨 것이므로 이연수익 또는 미실현수익이라고도 한다. 기업의 사업목적을 위한 영업활동에서 발생한 선수액을 선수금계정을 이용하여 기입하고, 기타의 수익으로 발생한 선수액은 선수수익계정(unearned revenue account)을 이용하여 기입한다.

선수금계정은 미래에 상품 혹은 용역을 제공하여야 할 기업의 의무를 나타내는 부채로서, 현금지급으로 채무가 소멸되는 대부분의 다른 부채와는 달리 상품이나 용역의 제공에 따라 그 채무가 소멸된다. 동시에 소멸되는 채무금액 만큼 수익으로 인식된다.

따라서 고객에게 상품이나 용역을 제공하여 수익이 실현된 회계기간의 말에는 실현된 수익만큼 선수금계정을 감소시키고 관련된 수익계정을 증가시켜주는 수정분개가 필요하게 된다. 이러한 수정분개는 선수금계정에 차변기입하고 관련된 수익계정에 대변기입하는 형태를 갖는다.

이자수익이나 임대료수익 등 기타수익의 1년분을 미리 받았을 경우와 같이 당기의 수익으로 이미 받은 금액 중 차기에 가서야 수익이 될 부분에 대해서는 해당 수익에서 차감하여야 할 경우가 있다.

구체적으로 대여금에 대한 이자의 경우를 생각해 보자. 대여금에 대한 이자수익은 1년분을 미리 받는 것이 보통이다.

■ 거래: 9월 1일 현금을 빌려주고 6개월분의 이자수익 6,000원을 미리 받았다.

9월 1일 분개

9/1 (차) 현금 6,000 (대) 이자수익 6,000

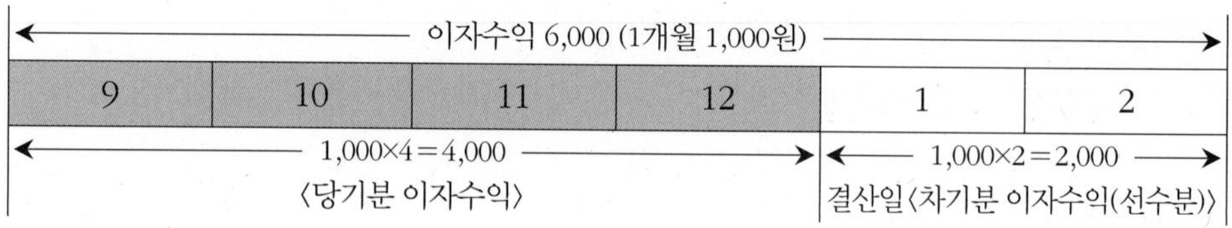

회사의 결산일이 12월 31일이면 결산시점에서 볼 때 자금을 빌려준 기간은 아직 4개월밖에 지나지 않았다. 그러나 이자는 6개월분을 받았으므로 2개월분을 미리 받은 셈이다. 따라서 12월 말 결산에서 아무런 정리분개나 전기를 하지 않는다면 6,000원의 수입이자는 전부 당기의 수익으로 기록되어 다음 기간의 수익이 되어야 하는 2,000원만큼 과대기록이 되고, 다음 기간에는 수입이자가 0원이 되어 2,000원만큼 차기의 수익이 적게 기록됨으로써 기간순이익이 잘못 계산되는 결과를 초래한다.

따라서 이 이자수익을 기간별로 나누어 12월 말 결산에서는 4개월분 4,000원만을 당기수익으로 기록하고, 나머지 2개월분 2,000원은 차기 이후의 수익을 '미리 받은 수익'이라는 뜻에서 선수수익이라 하여 당기의 수익에서 뺀다. 이 선수수익은 '미리 받은 것이므로 서비스할 의무가 있다'는 뜻에서 '부채'로 기록하는 결산정리분개 및 전기를 하여야 한다.

12/31	(차) 이 자 수 익	2,000	(대) 선 수 수 익	2,000
	[수익의 감소]		[부채의 증가]	

이자수익계정

12/31 선수수익	2,000	9/1 현금	6,000

선수수익계정

		12/31 이자수익	2,000

이와 같이 결산정리분개 및 전기를 하게 되면 이자수익계정에는 대변에 잔액이 4,000원이 있게 되고, 이 4,000원이 당기수익이 된다.

따라서 당기에 수취한 수익 중에서 차기의 기간에 속하는 수익이 있는 경우에는 정확한 기간순이익을 계산하기 위하여 그에 해당하는 금액을 결산기말에 당기의 수익에서 차감함과 동시에 선수수익이라는 부채계정으로 기록하는 결산정리분개 및 전기가 필요하다.

■ 수익의 선수가 있는 경우의 결산회계처리

당기 결산시, 매출:	(차) 매 출 (수익)	×××	(대) 선 수 금 (부채)	×××
기타수익:	(차) 각 수익계정 (수익)	×××	(대) 선수수익 (부채)	×××

3) 미지급비용

기업에서 당기에 여러 가지 서비스 등을 제공 받고도 그에 대한 대가를 현금으로 지급하지 않았기 때문에 결산시점까지 아직 비용으로 기록되지 않은 경우가 있다. 지급이자, 지급수수료, 지급보험료, 지급집세, 급료 등의 경우를 생각할 수 있다. 회계기말에 일반적으로 영업활동 이외에서 발생했으나 아직 기록되지 않은 비용을 기록하기 위하여 미지급계정이 아닌 미지급비용계정(accrued expenses account)을 이용한다.

■ 12월 31일 9월 1일 빌린 차입금 100,000원(이자율 연12%, 6개월마다 지급)에 대한 당기분이자 4,000원을 결산기말까지 지급하지 못한 경우

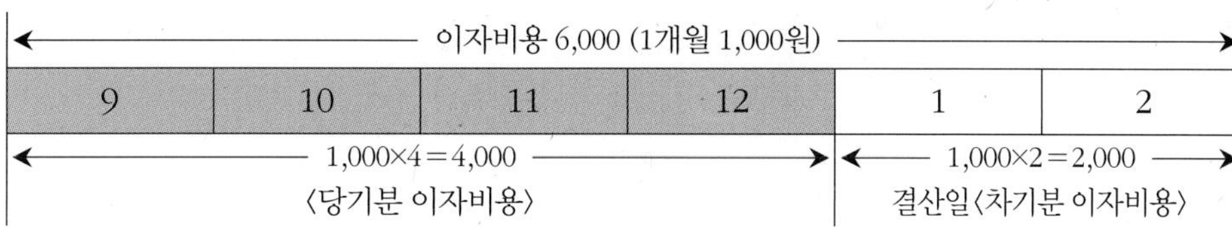

당기분 이자 4,000원은 당기의 비용이므로 이자비용이라는 비용계정의 차변에 기록하고, 동시에 이것을 '아직 지급 못한 비용'이라는 뜻에서 미지급비용으로 당기의 비용에 가산하여 기록한다. 이 미지급비용은 '아직 지급하지 못했으므로 후에 지급하여야 할 의무'라는 뜻에서 부채로 기록하는 결산정리분개 및 전기를 하여야 한다.

12/31	(차) 이 자 비 용	4,000		(대) 미 지 급 비 용	4,000
	[비용의 발생]			[부채의 증가]	

미지급비용계정

	12/31 이자비용 4,000

이자비용계정

12/31 미지급비용 4,000	

이와 같이 결산기말에 아직 지급하지 못한 비용이 있는 경우에는 이를 당기의 비용으로 기록함과 동시에 미지급비용이라는 부채계정으로 기록하는 결산정리분개 및 전기를 함으로써 기간손익을 정확히 계산할 수 있다.

4) 미수수익

기업에서 당기에 여러 가지 서비스 등을 제공하고도 그에 대한 대가를 받지 않았기 때문에 결산시점까지 아직 수익으로 기록되지 않은 경우가 있다. 회계기말에 일반적으로 영업활동 이외에서 발생했으나 아직 기록되지 않은 수익을 기록하기 위하여 미수금계정이 아닌 미수수익계정(accrued revenues account)을 이용한다.

■ **12월 31일 9월 1일에 빌려준 대여금 100,000원(이자율 연12%, 6개월마다 수취)에 대한 당기분 이자 4,000원을 결산기말까지 받지 못한 경우**

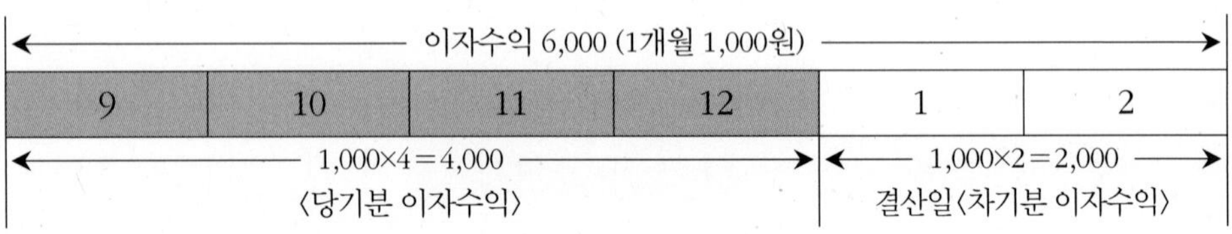

당기분 이자 4,000원은 당기의 수익이므로 이자수익이라는 수익계정의 대변에 기록하고, 동시에 이것을 '아직 받지 못한 수익'이라는 뜻에서 미수수익이라 한다.

이 미수수익은 '아직 받지 못했으므로 후에 받을 권리'라는 뜻에서 자산으로 기록하는 결산정리분개 및 전기를 하여야 한다.

12/31 (차) 미 수 수 익 4,000 (대) 이 자 수 익 4,000
[자산의 증가] [수익의 발생]

이자수익계정

	12/31 미수수익 4,000

미수수익계정

12/31 이자수익 4,000	

만약 수익이 영업외수익이 아니고 매출인 경우에는 다음과 같이 분개한다.

(차) 매 출 채 권 ××× (대) 매 출 ×××

이와 같이 결산기말에 아직 받지 못한 수익이 있는 경우에는 이를 당기의 수익으로 기록함과 동시에 미수수익이라는 자산계정으로 기록하는 결산정리분개 및 전기를 함으로써 기간손익을 정확히 계산할 수 있다.

3.2 기말재고자산의 평가

기말재고자산의 평가는 상품매매업의 경우에는 재고자산이 상품으로 한정되어 있으므로 기말상품재고액의 평가라고 한다. 상품매매업에서 상품을 사고파는 것만큼 상품의 관리도 중요하다. 상품의 재고를 적시에 정확히 파악하지 못하면 매입과 매출활동에 지장을 줄 뿐만 아니라, 상품매매로서 얻은 매출총이익이 얼마인지를 정확히 파악할 수 없기 때문에, 상품을 관리하기 위해선 상품의 재고를 항상 정확히 파악할 수 있어야 한다.

[그림 6-1] 기말상품재고액, 매출원가 및 매출총손익의 계산구조

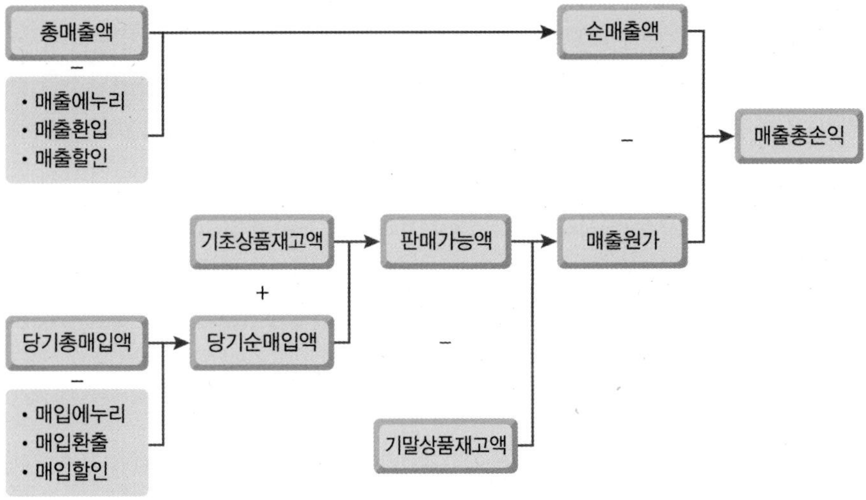

기말상품재고액은 기말상품재고의 수량에 단가를 곱하여 계산되며, 재고수량을 파악하는 방법에 따라 장부를 계속기록하여 파악하는 방법인 **계속기록법**과 실물을 실사를 통하여 확인하는 방법인 **실지재고조사법**이 있다. 또한 단가는 상품의 매입시점에 따라 달라지므로 원가흐름의 가정을 도입하여 선입선출법, 후입선출법 및 평균법 등이 있다.

1) 기말재고수량의 결정

(1) 계속기록법

계속기록법(perpectual inventory method)은 상품 기말재고수량을 장부(상품재고장)를 통해 파악하는 방법으로 상품계정을 통해서 기초재고, 당기매입, 판매 및 기말재고를 파악한다. 그러므로 판매된 상품의 원가인 매출원가(cost of goods sold)는 판매시 수익인 매출을 인식하면서 바로 비용인 매출원가를 인식함으로써 기말수정분개를 할 필요가 없고 매출관련계정인 매출에누리, 매출환입 및 매출할인을 매출계정에서 차감하는 대체분개만 하면 된다.

기말수정분개

12/31	(차) 매 출	×××	(대)	매출에누리와 환입	×××
				매 출 할 인	×××

(2) 실지재고조사법

실지재고조사법(physical inventory method)은 회계기간 중에 상품의 판매는 상품의 감소로 기록하지 않고 기말에 상품의 실지재고량을 먼저 파악한 후에 판매량(단가를 곱하면 매출원가)을 나중에 결정하는 방법이다. 계속기록법과 달리 상품의 매입을 자산의 증가로 보지 않고 비용의 발생으로 보아 매입계정의 차변에 기입하고, 판매시에는 자산인 상품의 감소로 기록하지 않음으로써 상품계정은 계속기록법의 상품계정의 성격인 원가가 아니라 상품의 기초와 기말재고액만을 나타내는 자산계정의 성격만으로 한정되고, 기중에 상품의 매입액은 비용인 매입계정의 차변에 기록하여 기말수정분개시에는 상품계정과 매입계정을 통하여 매출원가를 계산하는 작업이 추가된다.

기말수정분개

① 순매출액의 계산

12/31	(차) 매 출	×××	(대)	매출에누리와 환입	×××
				매 출 할 인	×××

② 순매입액의 계산

12/31	(차) 매입에누리와 환입	×××	(대)	매 입	×××
	매 입 할 인	×××			

③ 판매가능액의 계산

12/31	(차) 매 입	×××	(대)	상 품	×××

④ 매출원가의 계산

12/31	(차) 상 품	×××	(대)	매 입	×××

예제 6-1

아래의 기말수정사항을 분개하라.

[기말수정사항] 12월 31일 실지재고조사법에 의한 기말상품재고액은 ₩500,000이고 현금시재액은 ₩700,000이다. 한편 기초상품재고액은 ₩300,000, 당기매입액은 ₩1,500,000(매입운임 ₩500,000 포함)이며, 매입환출 ₩300,000, 매입에누리 ₩100,000, 매입할인 ₩100,000이다. 그리고 총매출액은 ₩2,500,000이고 매출환입 ₩350,000, 매출에누리 ₩50,000, 매출할인 ₩100,000이다.

해답

[기말수정분개]

① 순매출액:	(차)	매출	500,000	(대)	매출환입	350,000
					매출에누리	50,000
					매출할인	100,000
② 당기순매입액:	(차)	매입환출	300,000	(대)	매입	500,000
		매입에누리	100,000			
		매입할인	100,000			
③ 기초상품재고액:	(차)	매입	300,000	(대)	상품	300,000
④ 기말상품재고액:	(차)	상품	500,000	(대)	매입	500,000

실지재고조사법에서 매입계정의 정상잔액 800,000원은 매출원가를 가리킨다. 실지재고조사법에서는 계속기록법과 같이 매출원가계정을 사용하지 않고 비용계정인 매입계정이 당기 동안 매입된 상품의 취득원가를 나타내므로 따로 매출원가계정을 설치하지 않고 매입계정에서 매출원가를 대신 계산한다.

만약 매입계정의 차감항목인 매입에누리, 매입환출 및 매입할인이 발생하면 매입계정 대변에서 직접 차감하든지 아니면 매입에누리계정, 매입환출계정 및 매입할인계정을 각각 설치하여 대변에 기록한다. 따로 설치한다면 기말수정분개 시 매입계정에서 차감하는 분개가 추가로 이루어져야 한다.

그러나 계속기록법에서는 매입차감계정인 매입환출, 매입에누리 및 매입할인은 상품계정 대변에 기록한다. 그러므로 계속기록법 하에서 당기순매입액은 총매입액(매입운임 포함)에서 매입에누리 및 환출과 매입할인을 차감한 금액이며 여기에 기초상품재고액을 더하면 판매가능액이 되고 여기에 매출원가를 차감하면 기말상품재고액(장부금액)이 된다.

2) 기말재고단가의 결정

기말재고의 단가란 상품단위당 원가를 말하며 매입가격에 매입운임이나 보험료나 세금 등 부대비용을 포함한 취득원가를 말한다.

(1) 선입선출법

선입선출법(First-In, First-Out: FIFO)은 먼저 매입된 상품이 먼저 판매된다고 가정한다. 기말재고액은 가장 높은 가격으로 매출원가는 가장 낮은 가격으로 계산된다.

(2) 후입선출법

후입선출법(Last-In, First-Out: LIFO)은 선입선출법과 반대로 나중에 매입된 상품이 먼저 판매된다고 가정한다. 기말재고액은 가장 낮은 가격으로 매출원가는 가장 높은 가격으로 계산된다.

(3) 평균법

평균법(Average Method: AM)은 선입선출법과 후입선출법의 중간 정도를 취하여 매입시점의 가격을 평균하는 가정이다. 기말재고수량을 파악하는 방법에 따라 계속기록법에서는 이동평균법이라 하고, 실지재고조사법에서는 총평균법이라고 한다.

위의 3가지 방법에 따라 구해진 단가를 기말재고의 수량에 곱하면 기말상품재고액이 계산된다.

예제 6-2

상품재고장

1월 1일 창고에 1개당 @100원의 상품이 20개 있다.
　　10일 상품 100개를 @120원에 매입하다.
　　15일 거래처에 상품 70개를 판매하다.

기말재고수량을 계속기록법에 의할 경우 (1) 선입선출법, (2) 후입선출법, (3) 이동평균법을 사용하여 상품재고장에 기입하시오.

해답

(1) 선입선출법

상품재고장

월	일	적 요	입 고			출 고			잔 고		
			수량	단가	금액	수량	단가	금액	수량	단가	금액
1	1	전기이월	20	100	2,000				20	100	2,000
	10	매 입	100	120	12,000				20	100	2,000
									100	120	12,000
	15	매 출				20	100	2,000	100	120	12,000
						50	120	6,000	50	120	6,000
1	31	차기이월				50	120	6,000		0	
			120		14,000	120		14,000			
2	1	전기이월	50	120	6,000				50	120	6,000

• 기입 방법: 선입선출법은 상품이 매출된 시점에서 가장 먼저 구입된 상품부터 매출되는 것으로 가정하는 방법이다. 따라서 1월 15일에 판매된 상품 70개는 1월 1일에 남은 20개 @100원과 1월 10일에 매입된 50개(100개－50개) @120원으로, 기말에 남아 있는 재고자산은 1월 10일에 매입된 상품의 일부인 50개 @120원이 된다.

(2) 후입선출법

상품재고장

월	일	적 요	입 고			출 고			잔 고		
			수량	단가	금액	수량	단가	금액	수량	단가	금액
1	1	전기이월	20	100	2,000				20	100	2,000
	10	매 입	100	120	12,000				20	100	2,000
									100	120	12,000
	15	매 출				70	120	8,400	20	100	2,000
									30	120	3,600
1	31	차기이월				20	100	2,000			
						30	120	3,600			
			120		14,000	120		14,000			
2	1	전기이월	20	100	2,000				20	100	2,000
			30	120	3,600				30	120	3,600

• 기입 방법: 후입선출법은 상품이 매출된 시점에서 가장 최근에 구입된 상품부터 매출되는 것으로 가정하는 방법이다. 따라서 1월 15일에 매출된 상품 70개는 1월 10일에 매입한 상품 70개 @120원으로, 기말에 남아 있는 재고자산은 1월 1일에 남은 20개 @100원과 1월 10일에 매입한 상품 중 남은 30개 @120원이 된다.

(3) 이동평균법

상품재고장

월	일	적 요	입 고			출 고			잔 고		
			수량	단가	금액	수량	단가	금액	수량	단가	금액
1	1	전 기 이 월	20	100	2,000				20	100	2,000
	10	매 입	100	120	12,000				120	117	14,000
	15	매 출				70	117*	8,190	50	117	5,810
1	31	차 기 이 월				50	117	5,810		0	
			120		14,000	120		14,000			
2	1	전 기 이 월	50	117	5,810				50	117	5,810

• 기입 방법: 이동평균법은 상품을 매입할 때마다 새로운 평균단가를 계산하여 매출단가를 계산하는 방법이다. 따라서 1월 1일의 재고상품 20개 @100원과 1월 10일 매입된 상품 100개 @120원의 평균단가는 (2,000원+12,000원)÷(20개+100개)=117원으로 구할 수 있다. 따라서 1월 15일 상품의 매출단가는 117원이 되고 재고자산의 단가도 117원이 된다.

3.3 유형자산의 감가상각비

비용은 자산의 종류에 따라 달리 인식된다. 즉, 판매 목적으로 보유하고 있는 재고자산은 판매시에, 사용목적의 유형자산(토지 제외)은 판매시가 아니라 사용시간이 경과함에 따라 비용으로 인식한다. 감가상각(depreciation)이란 1년 이상(장기간) 사용하는 유형자산의 취득원가를 수익을 창출하기 위해 사용된 기간의 비용으로 인식하는 개념이며, 유전이나 광산과 같은 소모성자산에 대해서는 감모상각(depletion)이라 하고 무형자산은 상각(amortization)이라고 한다.

해당 유형자산이 효익을 창출하는 기간동안 비용화가 가능하고, 이를 내용연수(useful life)라 한다. 그리고 내용연수 종료 후 유형자산을 처분했을 때 받을 수 있는 가액을 잔존가액(residual value)이라 하며, 취득원가에서 잔존가액을 차감한 감가상각대상금액을 내용연수에 따라 일정하게 인식하는 방식으로 비용화하고 있다. 이런 방법을 정액법이라 하고, 취득 초기에 감가상각비를 많이 계상하고 나중에 적게 계상하는 방식을 정률법이라고 한다.

따라서 결산시 당 회계기간의 정확한 손익계산과 재무상태를 파악하기 위해서는 당 회계기간 동안 발생한 유형자산의 사용분을 결산시에 비용으로 기록하는 절차가 필요하며, 산출된 금액은 **감가상각비(depreciation expense)**가 된다. 감가상각비의 회계처리는 앞서 배

운 자산인 소모품과 비용인 소모품비와 같은 회계처리방식이다.

- **거래: 1월 1일에 비품 100,000원을 현금으로 구입하였으며, 비품의 내용연수는 5년 이고 잔존가액은 0원이다.**

12월 31일 유형자산의 사용분을 정액법으로 계산하여 기말수정분개 · 전기하면 다음과 같다.(감가상각비: (100,000 − 0)/5년 = 20,000)

12월 31일	(차) 감 가 상 각 비	20,000	(대) 비 품	20,000
	[비용의 발생]		[자산의 감소]	

감가상각비계정

12/31 비품	20,000		

비품계정

1/1 현금	100,000	12/31 감가상각비	20,000

이와 같이 기말수정분개 · 전기를 하게 되면 비품계정에는 차변에 잔액이 80,000원이 있게 되고, 20,000원이 감가상각비로 당기 비용이 된다. 따라서 수정후시산표에 비품은 80,000원으로 표시되고, 재무상태표에도 비품은 20,000원이 차감된 80,000원으로 표시된다.

재무상태표

비품	80,000		

손익계산서

감가상각비	20,000		

이렇게 표시를 하면 비품에 대한 장부가액의 변동내용을 알 수 없다. 비품을 얼마에 구입하여, 지금까지 사용한 금액이 얼마이고, 이번 회계연도에 비용으로 계상해야 할 금액이 얼마인가를 알 수 없다. 이러한 정보를 알 수 있는 방법으로 유형자산에서 집접 차감하지 않고, 계정계산의 방법을 이용하여 유형자산에서 간접적으로 차감하는 방식을 이용할 수 있다. 간접적인 차감방식으로 충당금(감가상각누계액)을 이용하는 방식이 있다. 위의 예를 간접적 차감방식인 충당금계정을 이용하여 분개 · 전기하면 다음과 같다.

12/31	(차) 감 가 상 각 비 [비용의 발생]	20,000	(대) 감가상각누계액 [자산의 감소]	20,000

비품계정

12/31 현금 100,000	

감가상각누계액계정

	12/31 감가상각비 20,000

감가상각비계정

12/31 감가상각누계액 20,000	

이와 같이 결산정리분개 · 전기를 하게 되면 비품계정에는 차변잔액은 100,000원으로 표시되고, 비품에서 20,000원을 차감하기 위하여 자산인 비품계정의 차변의 반대인 대변에 감가상각누계액을 표시하면 계정계산의 원리에 따라 직접 차감한 결과와 같아진다. 수정후시산표에서 비품은 100,000원으로 표시되고, 재무상태표에서는 비품 100,000원에서 감가상각누계액 20,000원을 차감한 잔액 장부가액 80,000원의 정보 모두가 표시된다.

감가상각누계액을 분개할 때는 대변에 기록되지만, 재무상태표에 표시할 때는 유형자산의 취득원가에서 차감하는 형식으로 표시한다. 유형자산에서 직접 차감하지 않고 이와 같이 하면 비품의 취득원가와 그 동안 감가상각한 금액이 모두 나타나기 때문에 재무상태표를 보는 사람들이 더 많은 정보를 얻을 수 있다.

재무상태표

비품 100,000 감가상각누계액 (20,000) 80,000	

손익계산서

감가상각비 20,000	

3.4 매출채권의 대손상각

매출채권은 기한이 되면 회수되어야 할 채권이지만, 거래처의 부도나 파산으로 받지 못하는 경우가 있는데, 매출채권 중 못 받게 된 것을 대손(bad debts)이라고 하고 이로 인한 손실을 대손상각비(bad debts expense)라고 한다.

기말 수정전시산표상의 매출채권계정의 잔액은 기업이 회수할 수 있는 금액을 표시해야 하지만 실제는 이 중 일부만 회수되고 일부는 회수되지 못하는 것이 일반적이다. 그러므로 기말결산시 다음연도 미회수매출채권에 대한 대손상각비를 추정하여 매출채권계정에서 직접 차감하지 않고 감가상각누계액과 같이 충당금인 대손충당금계정 대변에 기록함으로써 간접적으로 차감하는 방식을 택한다.

• **거래: 20×1년 12월 31일 매출채권 기말잔액 100,000원에 대해 3%의 대손을 추정하다.**

12/31	(차) 대 손 상 각 비 [비용의 발생]	3,000	(대) 대 손 충 당 금 [자산의 감소]	3,000

매출채권계정

차변		대변	
12/31 매출	100,000		

대손충당금계정

차변		대변	
		12/31 대손상각비	3,000

대손상각비계정

차변		대변	
12/31 대손충당금	3,000		

12월 31일 현재 재무상태표에 매출채권과 대손충당금을 표시하면, 다음 회계연도에 매출채권에서 대손충당금을 차감한 97,000원의 매출채권이 현금으로 회수될 것으로 기대된다. 이와 같이 대손충당금은 감가상각누계액과 같이 자산을 간접적으로 차감하는 평가성충당금이라고 한다.

재무상태표

매출채권	100,000		
대손충당금	(3,000)	97,000	

• **거래: 20×2년 1월 15일 실제로 대손이 확정된 매출채권은 1,000원이다.**

1/15	(차) 대 손 충 당 금	1,000	(대) 매 출 채 권	1,000

매출채권계정

차변		대변	
1/1 전기이월	100,000	1/15 대손충당금	1,000

대손충당금계정

차변		대변	
1/15 매출채권	1,000	1/1 전기이월	3,000

기말결산시 당기의 대손추정액이 대손충당금잔액보다 많은 경우에는 대손추정액에서

대손충당금을 뺀 금액만큼을 추가로 대손충당금으로 설정하고, 반대로 이미 설정되어 있는 대손충당금잔액이 대손추정액보다 많은 경우에는 대손충당금잔액에서 대손추정액을 차감한 금액만큼을 '대손충당금환입'이라는 수익으로 환입시키게 된다. 이렇게 하면 대손충당금계정의 최종잔액은 금기의 대손추정액과 동일한 금액이 된다.

- **거래 1: 20×2년 1월 31일 매출채권 기말잔액 100,000원에 대해 5%의 대손을 추정하다.**

1/31	(차) 대 손 상 각 비	3,000	(대) 대 손 충 당 금	3,000

매출채권계정

1/1	전기이월	100,000	1/15	대손충당금	1,000
1/20	매출	1,000			

대손충당금계정

1/15	매출채권	1,000	1/1	전기이월	3,000
			1/31	대손상각비	3,000

대손상각비계정

1/31	대손충당금	3,000	

20×2년 1월 31일 현재 매출채권을 표시하면 다음과 같다.

재무상태표

매출채권	100,000		
대손충당금	(5,000)	95,000	

재무상태표에 표시된 95,000원은 매출채권 취득원가에서 대손충당금을 차감한 장부가액으로서 다음 회계연도에 현금으로 회수될 매출채권(순실현가능가치)을 의미한다.

- **거래 2: 20×2년 1월 31일 매출채권 기말잔액 100,000원에 대해 1%의 대손을 추정하다.**

1/31	(차) 대 손 충 당 금	1,000	(대) 대손충당금환입	1,000

매출채권계정

1/1	전기이월	100,000	1/15	대손충당금	1,000
1/20	매출	1,000			

대손충당금계정

1/15	매출채권	1,000	1/1	전기이월	3,000
1/31	대손충당금환입	1,000			

대손충당금환입계정

	1/31	대손충당금	1,000

대손충당금환입은 전기말에 설정했던 대손충당금이 과다하게 설정되어 대손충당금계정에서 꺼낸다는 의미를 가지고 있으며, 손익계산서에서 영업외수익으로 보고한다.

3.5 자산의 공정가치평가

기말수정분개는 자산의 기말 금액을 어떻게 평가하느냐 하는 것이 중요하다. 이에 따라 수익 또는 비용이 추가로 인식된다. 자산의 평가이익은 수익으로, 평가손실은 비용으로 회계처리 한다. 자산은 취득시점과 기말결산시점의 가치가 달라질 수 있으므로 기말결산시점의 가치평가를 어떻게 하느냐에 따라 기업의 재무상태와 경영성과가 달라진다.

자산을 기말결산시점에서 평가하는 방법에는 ① 취득한 금액 그대로(취득원가) 평가, ② 유사한 자산을 취득하는 경우에 지급해야 할 금액으로(현행원가) 평가, ③ 자산을 현재 처분할 경우 받을 금액으로(현행판매가격 또는 순실현가능가치) 평가, ④ 자산을 보유할 경우 받을 미래현금흐름의 현재가치로(현재가치) 평가하는 4가지 방법이 있다. 취득원가를 제외한 3가지 방법으로 기말결산시점의 자산의 가치를 평가하는 것을 '공정가치측정(또는 평가)'이라고 한다.

1) 유형자산의 공정가치평가

유형자산을 재평가할 때 재평가로 인하여 자산의 장부가액이 증가한 경우에는 자산재평가이익(revaluation surplus)의 계정으로 기타포괄손익으로 인식한다. 한편 유형자산의 장부가액이 재평가로 인하여 감소된 경우에 그 감소액을 자산재평가손실(revaluation loss)계정으로 당기손실로 인식한다.

(1) 기말수정분개

(차) 토 지	×××	(대) 자산재평가이익 (기타포괄손익)	×××
(차) 건 물 감가상각누계액	××× ×××	(대) 자산재평가이익 (기타포괄손익)	×××

(2) 장부마감분개

(차) 자산재평가이익 (기타포괄손익)	×××	(대) 기타포괄손익누계액 (재평가잉여금)	×××

2) 금융자산의 공정가치평가

금융자산(financial asset)은 현금및현금성자산, 수취채권, 대여금과 같은 당좌자산, 단기투자목적으로 보유하고 있는 각종 유가증권(보통주나 우선주 등의 지분상품과 국·공채나 회사채 등의 채무상품), 금융기관이 취급하는 금융상품(양도성예금증서, 펀드, 기타 정형화된 금융상품)을 말한다.

금융자산은 계약상 현금흐름 특성과 사업모형에 따라 당기손익금융자산, 기타포괄손익금융자산 및 상각후원가금융자산으로 분류된다. 여기서 기말결산시 공정가치평가로 기말수정분개를 해야 하는 것은 당기손익금융자산과 기타포괄손익금융자산이다.

(1) 당기손익금융자산

• 평가증 기말수정분개 :

(차) 당기손익금융자산	×××	(대) 당기손익금융자산평가이익	×××

• 평가감 기말수정분개:

(차) 당기손익금융자산평가손실	×××	(대) 당기손익금융자산	×××

(2) 기타포괄손익금융자산

① 평가증

• 기말수정분개 :

(차) 기타포괄손익금융자산	×××	(대) 기타포괄손익금융자산평가이익 (기타포괄손익)	×××

• 장부마감 분개:

(차) 기타포괄손익금융자산평가이익	×××	(대) 기타포괄손익누계액	×××

② 평가감

- 기말수정분개 :

(차) 기타포괄손익금융자산평가손실 (기 타 포 괄 손 익)	×××	(대) 기타포괄손익금융자산	×××

- 장부마감 분개:

(차) 기타포괄손익누계액	×××	(대) 기타포괄손익금융자산평가손실	×××

당기손익금융자산평가손익과 기타포괄손익금융자산평가손익을 다르게 회계처리하는 이유는 평가손익의 실현시기가 현저히 다르기 때문이다. 즉, 단기간 후에 처분될 당기손익금융자산은 평가손익이 가까운 미래에 실현될 것이 기대되는 반면, 기타포괄손익금융자산은 그렇지 않기 때문이다. 따라서 기타포괄손익금융자산평가손익은 보유기간 동안 계속 재무상태표 자본에 누적시키고 있으며, 처분시 채무증권은 누적되어 있는 기타포괄손익누계액을 처분이익으로, 지분증권은 이익잉여금으로 재분류조정(recycling)한다.

예제 6-3

20×1년에 (주)부경물산은 여유자금을 운용하기 위해 단기매매목적으로 A사 주식 15,000원을 취득하였고, 장기투자이익 목적으로 B사 주식 20,000원을 취득하였다. 20×1년 12월 31일 현재 A사 주식과 B사 주식의 공정가치는 각각 15,500원, 22,000원이었다.

[물음] 1. 기말수정분개를 하라.

2. 장부마감분개를 하라.

해답

1. 기말수정분개

(차) 당 기 손 익 금 융 자 산	500	(대) 당기손익금융자산평가익	500
(차) 기타포괄손익금융자산	2,000	(대) 기타포괄손익금융자산평가이익 (기 타 포 괄 손 익)	2,000

2. 장부마감분개

(차) 당기손익금융자산평가이익	500	(대) 집 합 손 익	500
(차) 기타포괄손익금융자산평가이익 (기 타 포 괄 손 익)	2,000	(대) 기타포괄손익누계액 (재무상태표 자본)	2,000

제4절 종합예제

기본자료 3

상품매매회사인 (주)부경물산의 20×1년 12월 거래내용은 다음과 같다.

거래 1: 12월 1일 주주로부터 현금 100,000원을 출자 받아 회사를 설립하다.

거래 2: 12월 3일 부산은행에서 연 6%이자 지급 조건으로 현금 100,000원을 차입하다. 이자는 매월 1일에 지급한다.

거래 3: 12월 5일 상품매매업을 할 수 있는 건물을 현금 50,000원에 구입하다.

거래 4: 12월 7일 상품배달을 위한 트럭(차량운반구)을 20,000원에 구입하고, 대금은 다음 달에 지급하기로 하다.

거래 5: 12월 10일 상품 50,000원(100개 @500원)을 매입하고 대금은 외상으로 하다.

거래 6: 12월 13일 상품 보관용 창고를 위해 보증금 30,000원, 월세(임차료) 1,000원 지급을 조건으로 부동산회사와 계약을 하다.

거래 7: 12월 15일 상품 50개(@500원)를 50,000원에 판매하여 대금 중 30,000원은 현금으로 받고 나머지는 외상으로 하다.

거래 8: 12월 18일 사무실로 사용하고 남은 공간을 핸드폰가게에 빌려주고 임대료 12,000원을 현금으로 받다.

거래 9: 12월 20일 거래처에 상품 외상매입 대금 30,000원을 현금으로 지급하다.

거래 10: 12월 22일 상품 60,000원(100개 @600원)을 매입하고 대금은 1개월 만기 어음을 발행하여 지급하다.

거래 11: 12월 23일 거래처로부터 상품 외상판매 대금 10,000원을 현금으로 회수하다.

거래 12: 12월 25일 종업원급여 100,000원을 현금으로 지급하다.

거래 13: 12월 26일 상품 100개(50개 @500원, 50개 @600원)를 120,000원에 판매하고 대금은 현금으로 받다.

거래 14: 12월 28일 건물과 창고에 대한 화재보험료 1,200원과 트럭에 대한 자동차보험료 600원을 현금으로 지급하다.

거래 15: 12월 29일 상품 보관용 창고에 대한 보증금 30,000원과 월 임차료 1,000원을 현금으로 지급하다.

거래 16: 12월 30일 함양병곡막걸리 100,000원을 대신 판매하고 수수료 2%를 현금으로 받다.

거래 17: 12월 31일 주주에게 배당금 500원을 현금으로 지급하다.

기말수정사항은 다음과 같다.

1. 보험료는 3개월분을 지급한 것이다.
2. 12월에 발생한 이자비용을 계상하다(월할계산).

3. 임대료 중 2,000원은 먼저 받은 것이다.
4. 기장미역을 대신 판매한 금액 50,000원이 있으며, 수수료수익은 아직 받지 못했다. 단, 수탁판매의 수수료는 판매액의 2%이다.

---

1. 분개

거래	일자	차변	금액	대변	금액
거래 1:	12/1	(차) 현금	100,000	(대) 자본금	100,000
거래 2:	12/3	(차) 현금	100,000	(대) 차입금	100,000
거래 3:	12/5	(차) 건물	50,000	(대) 현금	50,000
거래 4:	12/7	(차) 차량운반구	20,000	(대) 미지급금	20,000
거래 5:	12/10	(차) 상품	50,000	(대) 매입채무	50,000
거래 7:	12/15	(차) 현금	30,000	(대) 매출	50,000
		매출채권	20,000		
		(차) 매출원가	25,000	(대) 상품	25,000
거래 8:	12/18	(차) 현금	12,000	(대) 임대료수익	12,000
거래 9:	12/20	(차) 매입채무	30,000	(대) 현금	30,000
거래 10:	12/22	(차) 상품	60,000	(대) 매입채무	60,000
거래 11:	12/23	(차) 현금	10,000	(대) 매출채권	10,000
거래 12:	12/25	(차) 급여	100,000	(대) 현금	100,000
거래 13:	12/26	(차) 현금	120,000	(대) 매출	120,000
		(차) 매출원가	55,000	(대) 상품	55,000
거래 14:	12/28	(차) 보험료	1,800	(대) 현금	1,800
거래 15:	12/29	(차) 임차보증금	30,000	(대) 현금	31,000
		임차료	1,000		
거래 16:	12/30	(차) 현금	2,000	(대) 수수료수익	2,000
거래 17:	12/31	(차) 배당금	500	(대) 현금	500

2. 전기

현금계정 (1)

차변	금액	대변	금액
12/1 자 본 금	100,000	12/5 건 물	50,000
12/3 차 입 금	100,000	12/20 매입채무	30,000
12/15 매 출	30,000	12/25 급 여	100,000
12/18 임대료수익	12,000	12/28 보 험 료	1,800
12/23 매출채권	10,000	12/29 제 좌	31,000
12/26 매 출	120,000	12/31 배 당 금	500
12/30 수수료수익	2,000		
차변합계	374,000	대변합계	213,300

매출채권계정 (2)

차변	금액	대변	금액
12/15 매 출	20,000	12/23 현 금	10,000
차변합계	20,000	대변합계	10,000

상품계정 (3)

차변	금액	대변	금액
12/10 매입채무	50,000	12/15 매출원가	25,000
12/22 매입채무	60,000	16/26 매출원가	55,000
차변합계	110,000	대변합계	80,000

임차보증금계정 (4)

차변	금액	대변	금액
12/29 현 금	30,000		
차변합계	30,000		

건물계정 (5)

차변	금액	대변	금액
12/5 현 금	50,000		
차변합계	50,000		

차량운반구계정 (6)

차변	금액	대변	금액
12/7 미지급금	20,000		
차변합계	20,000		

매입채무계정 (7)

차변	금액	대변	금액
12/20 현 금	30,000	12/10 상 품	50,000
		12/22 상 품	60,000
차변합계	30,000	대변합계	110,000

차입금계정 (8)

차변	금액	대변	금액
		12/3 현 금	100,000
		대변합계	100,000

미지급금계정 (9)

차변	금액	대변	금액
		12/7 차량운반구	20,000
		대변합계	20,000

자본금계정 (10)

차변	금액	대변	금액
		12/1 현 금	100,000
		대변합계	100,000

배당금계정 (11)

차변	금액	대변	금액
12/31 현 금	500		
차변합계	500		

매출계정 (12)

차변	금액	대변	금액
		12/15 제 좌	50,000
		12/26 현 금	120,000
		대변합계	170,000

임대료수익계정 (13)

차변	금액	대변	금액
		12/18 현 금	12,000
		대변합계	12,000

수수료수익계정 (14)

차변	금액	대변	금액
		12/30 현 금	2,000
		대변합계	2,000

매출원가계정 (15)

차변	금액	대변	금액
12/15 상 품	25,000		
12/26 상 품	55,000		
차변합계	80,000		

급여계정 (16)

12/25 현금	100,000	
차변합계	100,000	

보험료계정 (17)

12/28 현금	1,800	
차변합계	1,800	

임차료계정 (18)

12/29 현금	1,000	
차변합계	1,000	

3. 수정전시산표

총계정원장의 각 계정과목의 차변합계와 대변합계를 계정과목별로 정리하면 다음과 같다. 그리고 잔액은 차변합계와 대변합계의 차액이다.

수정전시산표

(단위: 원)

차변		원면	계정과목	대변	
잔액	합계			합계	잔액
160,700	374,000	1	현금	213,300	
10,000	20,000	2	매출채권	10,000	
30,000	110,000	3	상품	80,000	
30,000	30,000	4	임차보증금		
50,000	50,000	5	건물		
20,000	20,000	6	차량운반구		
	30,000	7	매입채무	110,000	80,000
		8	차입금	100,000	100,000
		9	미지급금	20,000	20,000
		10	자본금	100,000	100,000
500	500	11	배당금		
		12	매출	170,000	170,000
		13	임대료수익	12,000	12,000
		14	수수료수익	2,000	2,000
80,000	80,000	15	매출원가		
100,000	100000	16	급여		
1,800	1,800	17	보험료		
1,000	1,000	18	임차료		
484,000	817,300		합계	817,300	484,000

4. 기말수정분개

① (차) 선급비용 1,200 (대) 보험료 1,200

보험료 지급시에 비용으로 처리한 경우에는, 결산시에 사용되지 않고 남은 부분은 자산으로 처리하여야 한다. 12월 28일에 지급한 화재 및 자동차 보험료 1,800원은 다음 해 2월 28일까지 3개월간의 보험료이다. 당기에 지급하였으나 차기 부담인 1,200원은 선급보험료로서 '미리 준 것이므로 받을 권리가 있다'는 뜻에서 '자산'으로 기록되기도 한다. 따라서 기말에는 비용화되지 않은 1,200원은 선급보험료로서 자산으로 남게 하는 조정이 이루어져야 한다.

② (차) 이자비용 500 (대) 미지급비용 500

12월 3일 차입한 12월 31일까지의 차입금에 대한 이자는 월할계산시 500원이다(100,000×6%×1/12). 차입금 100,000원에 대한 당기분 이자 500원을 결산기말까지 지급하지 못한 경우에는 당기분 이자 500원은 당기의 비용이므로 '이자비용'이라는 비용계정의 차변에 기록하고, 동시에 이것을 '아직 지급 못한 비용'이라는 뜻에서 '미지급비용'으로 당기의 비용에 가산하여 기록한다. 이 미지급비용은 '아직 지급하지 못했으므로 후에 지급하여야 할 의무'라는 뜻에서 부채로 기록하는 결산정리분개 및 전기를 하여야 한다.

③ (차) 임대료수익 2,000 (대) 선수수익 2,000

'선수수익계정'은 미래에 상품 혹은 용역을 제공하여야 할 기업의 의무를 나타내는 부채로서, 상품이나 용역의 제공에 따라 그 채무가 소멸되고, 동시에 소멸되는 채무금액만큼 수익으로 인식된다. 만약 당기 중에 수익으로 인식하였으나 기말에 일부가 미리 받은 선금으로 밝혀진 경우, 해당 선금부분 만큼 '선수수익'이라는 계정을 새로 생성하고, 선수수익만큼 관련 '수익계정'을 감소시키는 수정분개가 필요하게 된다. 12월 18일 받은 12,000원 중 미리 받은 임대료는 2,000원이므로, 이러한 수정분개는 '선수수익계정'을 대변기입하고 관련된 수익계정인 '임대료수익계정'에 차변기입하는 형태를 갖는다. 참고로 이 경우에는 12월 31일까지 용역을 제공하여 실현된 수익은 10,000원인 셈이다.

④ (차) 미수수익 1,000 (대) 수수료수익 1,000

결산기말에 아직 받지 못한 수익이 있는 경우에는 이를 당기의 수익으로 기록함과 동시에 '아직 받지 못했으므로 후에 받을 권리'라는 뜻에서 '미수수익' 또는 '외상매출금'이라는 자산계정으로 기록하는 결산정리분개 및 전기를 한다. 12월 중에 용역을 제공하였으나, 12월 31일까지 수금하지 못한 용역수수료는 1,000원이다. 당기분 수수료수익 1,000원은 당기의 수익이므로 '수수료수익'이라는 수익계정의 대변에 기록하고, 동시에 이것을 '아직 받지 못한 수익'이라는 뜻에서 '미수수익'으로 처리한다.

5. 기말수정분개의 전기

현금계정 (1)

차변		대변	
12/1 자본금	100,000	12/5 건물	50,000
12/3 차입금	100,000	12/20 매입채무	30,000
12/15 매출	30,000	12/25 급여	100,000
12/18 임대료수익	12,000	12/28 보험료	1,800
12/23 매출채권	10,000	12/29 제좌	31,000
12/26 매출	120,000	12/31 배당금	500
12/30 수수료수익	2,000		
차변합계	374,000	대변합계	213,300

매출채권계정 (2)

차변		대변	
12/15 매출	20,000	12/23 현금	10,000
차변합계	20,000	대변합계	10,000

상품계정 (3)

차변		대변	
12/10 매입채무	50,000	12/15 매출원가	25,000
12/22 매입채무	60,000	12/26 매출원가	55,000
차변합계	110,000	대변합계	80,000

임차보증금계정 (4)

차변		대변	
12/29 현금	30,000		
차변합계	30,000		

건물계정 (5)

차변		대변	
12/5 현금	50,000		
차변합계	50,000		

차량운반구계정 (6)

차변		대변	
12/7 미지급금	20,000		
차변합계	20,000		

매입채무계정 (7)

차변		대변	
12/20 현금	30,000	12/10 상품	50,000
		12/22 상품	60,000
차변합계	30,000	대변합계	110,000

차입금계정 (8)

차변		대변	
		12/3 현금	100,000
		대변합계	100,000

미지급금계정 (9)

차변		대변	
		12/7 차량운반구	20,000
		대변합계	20,000

자본금계정 (10)

차변		대변	
		12/3 현 금	100,000
		대변합계	100,000

배당금계정 (11)

차변		대변	
12/31 현 금	500		
차변합계	500		

매출계정 (12)

차변		대변	
		12/15 현 금	50,000
		12/26 현 금	120,000
		대변합계	170,000

임대료수익계정 (13)

차변		대변	
③12/31 선수수익	2,000	12/18 현 금	12,000
		대변합계	12,000

수수료수익계정 (14)

차변		대변	
		12/30 현 금	2,000
		④12/31 미수수익	1,000
		대변합계	3,000

매출원가계정 (15)

차변		대변	
12/15 상 품	25,000		
12/26 상 품	55,000		
차변합계	80,000		

급여계정 (16)

차변		대변	
12/25 현 금	100,000		
차변합계	100,000		

보험료계정 (17)

차변		대변	
12/28 현 금	1,800	①12/31 선급비용	1,200
차변합계	1,800	대변합계	1,200

임차료계정 (18)

차변		대변	
12/29 현 금	1,000		
차변합계	1,000		

선급비용계정 (19)

차변		대변	
①12/31 보 험 료	1,200		
차변합계	1,200		

이자비용계정 (20)

차변		대변	
②12/31 미지급비용	500		
차변합계	500		

미지급비용계정 (21)

차변		대변	
		②12/31 이자비용	500
		대변합계	500

선수수익계정 (22)

차변		대변	
		③12/31 임대료수익	2,000
		대변합계	2,000

미수수익계정 (23)

차변		대변	
④12/31 수수료수익	1,000		
차변합계	1,000		

6. 수정후시산표

수정후시산표

(단위: 원)

차변 잔액	차변 합계	원면	계정과목	대변 합계	대변 잔액
160,700	374,000	1	현금	213,300	
10,000	20,000	2	매출채권	10,000	
30,000	110,000	3	상품	80,000	
30,000	30,000	4	임차보증금		
50,000	50,000	5	건물		
20,000	20,000	6	차량운반구		
	30,000	7	매입채무	110,000	80,000
		8	차입금	100,000	100,000
		9	미지급금	20,000	20,000
		10	자본금	100,000	100,000
500	500	11	배당금		
		12	매출	170,000	170,000
	2,000	13	임대료수익	12,000	10,000
		14	수수료수익	3,000	3,000
80,000	80,000	15	매출원가		
100,000	100,000	16	급여		
600	1,800	17	보험료	1,200	
1,000	1,000	18	임차료		
1,200	1,200	19	선급비용		
500	500	20	이자비용		
		21	미지급비용	500	500
		22	선수수익	2,000	2,000
1,000	1,000	23	미수수익		
485,500	822,000		합계	822,000	485,500

7. 재무제표

재무상태표

㈜부경물산　20×1.12.31현재　(단위: 원)

차변	금액	대변	금액
현금	160,700	차입금	100,000
매출채권	10,000	매입채무	80,000
상품	30,000	미지급금	20,000
임차보증금	30,000	선수수익	2,000
건물	50,000	미지급비용	500
차량운반구	20,000	자본금	100,000
선급비용	1,200	이익잉여금	400
미수수익	1,000	(당기순이익)	(900)
	302,900		302,900

손익계산서(계정식)

㈜부경물산　20×1.12.1~20×1.12.31　(단위: 원)

차변	금액	대변	금액
매출원가	80,000	매출	170,000
급여	100,000	임대료수익	10,000
보험료	600	수수료수익	3,000
임차료	1,000		
이자비용	500		
당기순이익	900		
	183,000		183,000

손익계산서(보고식)

㈜부경물산	20×1.12.1~20×1.12.31	(단위: 원)
Ⅰ. 매출액		170,000
Ⅱ. 매출원가		(80,000)
Ⅲ. 매출총이익		90,000
Ⅳ. 판매비와 일반관리비		
1. 급여	100,000	
2. 보험료	600	
3. 임차료	1,000	(101,600)
Ⅴ. 영업손실		(11,600)
Ⅵ. 영업외손익		
1. 임대료수익	10,000	
2. 수수료수익	3,000	13,000
Ⅶ. 영업외비용		
1. 이자비용	500	(500)
Ⅷ. 법인세차감전순이익		900
Ⅸ. 법인세		–
Ⅹ. 당기순이익		900

제5절 정산표

5.1 의의와 작성목적

1) 의의

결산절차는 시산표의 작성으로부터 시작하여 결산정리를 행하고 재무상태표와 포괄손익계산서를 작성함으로써 마감된다. 이와 같은 일련의 결산절차를 보다 간편하게 정확하게 행하기 위해 결산절차를 일목요연하게 요약하여 하나의 표에 집약시킨 것을 **정산표**(working sheet)라고 한다.

2) 작성목적

정산표를 작성하는 목적은 다음과 같다.

① 원장결산과 포괄손익계산서 및 재무상태표 작성의 기초자료가 된다.

② 원장결산의 정오를 검증하기 위해서이다.

③ 결산확정 후의 기업의 재무상태와 경영성과를 파악할 수 있다.

일반적으로 실무에서는 시산표를 작성하고 결산정리분개를 한 후 정산표를 작성하여 오류가 없는지를 확인한 후 이를 근거로 재무상태표와 포괄손익계산서를 작성한다.

<u>정 산 표</u>

	1단계 ↓		2단계 ↓		3단계 ↓		3단계 ↓	
계 정 과 목	수정전시산표		기말수정분개		포괄손익계산서		재무상태표	
	차 변	대 변	차 변	대 변	차 변	대 변	차 변	대 변
	(기말수정전의 잔액시산표를 옮겨 기입한다)		(기말수정분개를 기입한다)		(수정전시산표란의 금액과 기말수정분개란의 금액을 가감(加減)하여 해당란에 기입한다)			

5.2 작성절차

정산표의 작성절차는 다음과 같다.

- **1단계**: 기말수정분개 전의 잔액시산표의 계정과목을 제일 왼쪽에 옮겨 적고 해당 계정과목의 금액을 수정전시산표란에 쓴다.
- **2단계**: 기말수정분개를 해당 과목의 기말수정분개란을 찾아 기입한다. 이때 계정과목이 추가될 때에는 계정과목란에 새로 기입하고 그 금액을 기말수정분개란에 기입한다.
- **3단계**: 수정전시산표란의 금액과 기말수정분개란의 금액을 가감하여 수익 · 비용계정은 포괄손익계산서에 기입하고, 자산 · 부채 · 자본계정은 재무상태표에 기입한다.

이때 포괄손익계산서란에 차 · 대변합계액의 차액과 재무상태표란의 차 · 대변합계액의 차액인 당기순이익이 일치하는지의 여부에 따라 정산표가 정확히 작성되었는지를 확인할 수 있게 된다.

3단계에서 손익계산서란과 재무상태표란에 기입되는 금액은 다음과 같이 구해진다.

① 수정전시산표란의 차변과 기말수정분개란의 차변은 더하고 (+)
② 수정전시산표란의 차변과 기말수정분개란의 대변은 빼고 (−)
③ 수정전시산표란의 대변과 기말수정분개란의 차변은 빼고 (−)
④ 수정전시산표란의 대변과 기말수정분개란의 대변은 더한다. (+)

다시 말하면 수정전시산표란과 기말수정분개란의 금액이 같은 변에 있으면 더하고 다른 변에 있으면 차감해서 구한 금액을 포괄손익계산서란 또는 재무상태표란에 기입한다는 것이다.

5.3 정산표의 작성

정 산 표

계 정 과 목	수정전시산표		기말수정분개		포괄손익계산서		재무상태표	
	차 변	대 변	차 변	대 변	차 변	대 변	차 변	대 변
현 금	160,700						160,700	
매 출 채 권	10,000						10,000	
상 품	30,000						30,000	
임 차 보 증 금	30,000						30,000	
건 물	50,000						50,000	
차 량 운 반 구	20,000						20,000	
매 입 채 무		80,000						80,000
차 입 금		100,000						100,000
미 지 급 금		20,000						20,000
자 본 금		100,000						100,000
배 당 금	500						500	
매 출		170,000				170,000		
임 대 료 수 익		12,000	③ 2,000			10,000		
수 수 료 수 익		2,000		④ 1,000		3,000		
매 출 원 가	80,000				80,000			
급 여	100,000				100,000			
보 험 료	1,800			① 1,200	600			
임 차 료	1,000				1,000			0
선 급 비 용			① 1,200				1,200	
이 자 비 용			② 500		500			
미 지 급 비 용				② 500				500
선 수 수 익				③ 2,000				2,000
미 수 수 익			④ 1,000				1,000	
당 기 순 이 익					**900**			**900**
합계	484,000	484,000	4,700	4,700	183,000	183,000	303,400	303,400

예제 6-4

[예제 6-1] 연속: 아래의 기말수정사항을 분개하고 정산표를 작성하라.

[기말수정사항] 12월 31일 실지재고조사법에 의한 기말상품재고액은 ₩500,000이고 현금 시재액은 ₩700,000다. 한편 기초상품재고액은 ₩300,000, 당기매입액은₩1,500,000(매입운임 ₩500,000 포함)이며, 매입환출 ₩300,000, 매입에누리 ₩100,000, 매입할인 ₩100,000이다. 그리고 총매출액은 ₩2,500,000이고 매출환입 ₩350,000, 매출에누리 ₩50,000, 매출할인 ₩100,000이다.

해답

[기말수정분개]

① 순매출액: (차) 매출 500,000 (대) 매출환입 350,000
매출에누리 50,000
매출할인 100,000

② 기초상품재고액: (차) 매입 300,000 (대) 매입 300,000

③ 당기순매입액: (차) 매입환출 300,000 (대) 매입 500,000
매입에누리 100,000
매입할인 100,000

④ 기말상품재고액: (차) 상품 500,000 (대) 매입 500,000

<u>정산표</u>

(단위: 천원)

계정과목	수정전시산표		기말수정분개		포괄손익계산서		재무상태표	
	차변	대변	차변	대변	차변	대변	차변	대변
현금	700						700	
상품	300		④500	②300			500	
매출		2,500	①500			2,000		
매출환입	350			①350				
매출에누리	50			①50				
매출할인	100			①100				
매입	1,500		②300	③500 ④500	800			
매입환입		300	③300					
매입에누리		100	③100					
매입할인		100	③100					
매출총이익 (당기순이익)					**1,200**			**1,200**
합계	3,000	3,000	1,800	1,800	2,000	2,000	1,200	1,200

한편 계속기록법을 사용하는 경우에 정산표는 아래와 같이 바뀐다.

정산표

(단위: 천원)

계정과목	수정전시산표		기말수정분개		포괄손익계산서		재무상태표	
	차변	대변	차변	대변	차변	대변	차변	대변
현금	700						700	
상품	500						500	
매출		2,500	①500			2,000		
매출환입	350			①350				
매출에누리	50			①50				
매출할인	100			①100				
매출원가	300				800			
매출총이익 (당기순이익)					**1,200**			**1,200**
합계	3,000	3,000	1,800	1,800	2,000	2,000	1,200	1,200

제6절 장부의 마감

장부마감(closing the accounts)은 기말에 총계정원장의 각 계정의 당기 발생액과 기말잔액을 계산하고 마감하는 것이다. 이를 위하여 결산분개가 필요하다. '결산분개'는 주요부인 총계정원장에 표시되어 있는, 한 회계기간 중의 모든 거래 내용을 마감시키기 위한 회계절차이다. 이와 같은 결산분개는 손익계산서계정과 재무상태표계정을 구분하여 서로 다른 방법으로 행하여야 한다. 왜냐하면 손익계산서계정은 한 회계기간의 기간순이익계산을 위해 임시로 설정되는 명목계정인 반면에, 재무상태표계정은 유 · 무형의 형태에 불문하고 실제로 존재하는 항목을 표시하는 실질계정이므로 서로 상반되는 성격을 지니고 있기 때문이다. 명목계정과 실질계정은 회계과목의 장에서 설명하였다. 결산분개의 내용은 어떠한 결산법을 사용하는가에 따라 다소 차이가 있다. 결산 방법은 **대륙식 결산법**과 **영미식 결산법**의 두 가지가 있지만, 비교적 간편하면서도 일반적으로 많이 사용하고 있는 결산법은 영미식 결산법이므로 본서에서는 이에 국한시켜 개략적으로 요약하면 다음과 같다.

장부마감 절차

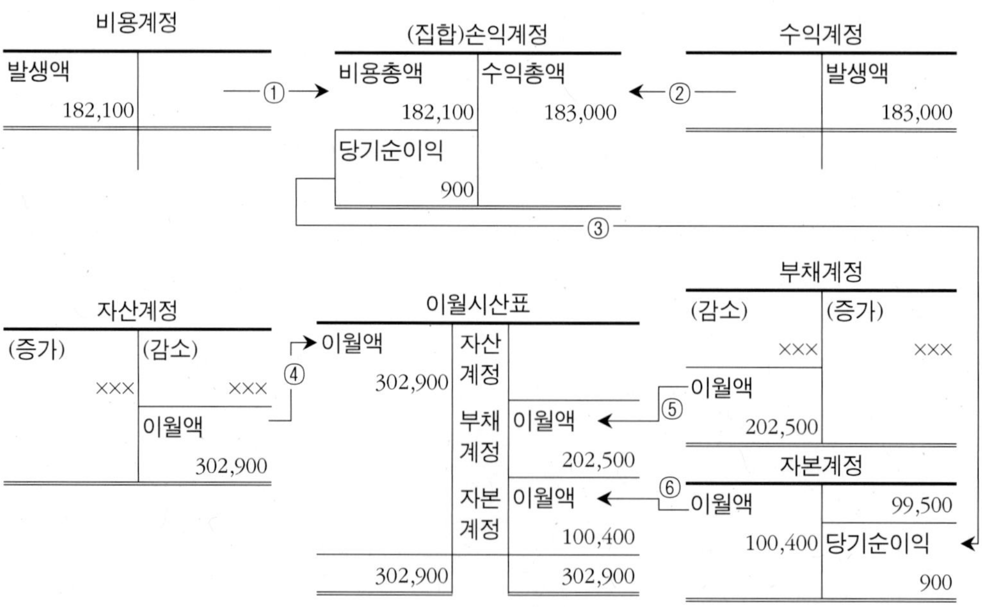

6.1 수익과 비용계정의 집계와 마감

① (집합)손익계정의 설정

② 원장의 모든 수익 · 비용계정을 집합손익계정에 대체

③ 손익계정잔액을 이익잉여금계정으로 대체

1) (집합)손익계정의 설정과 대체분개

기업의 영업활동결과인 순이익 또는 순손실을 계산하기 위하여 수익과 비용의 모든 계정을 한 장소에 모을 필요가 있다. 이 목적을 위하여 설정된 계정이 **집합손익계정**(profit and loss summary account), 보통 손익계정이라고 한다.

수익과 비용계정을 손익계정에 옮기는 절차를 **대체**(transfer)라 하고, 대체를 위하여 행해지는 기입을 대체기입이라 한다. 대체기입도 분개에 의하여 전기되므로, 이것을 분개장에 분개하는 것을 대체분개 또는 결산분개라 한다.

대체분개는 실제의 거래를 기입하기 위한 목적으로 하는 절차 또는 분개가 아니고, 결산을 위하여 어떤 계정에서 다른 계정으로 금액을 옮기기 위하여 사용되는 일반적인 명칭이므로 손익계정에 대체하는 이외에도 대체 또는 대체 분개가 필요한 경우가 있다. 대체는 기장의 정확성을 유지하기 위하여 분개장을 통하여 하는 것이 일반적이다.

[기본자료1] 을 이용하여 수익과 비용계정을 마감하고 집합손익계정에 대체분개를 표시하고, 대체관계를 약식계정으로 표시하면 다음과 같다.

일자		적요	원면	차변	대변
12	31	매출	2	170,000	
		임대료수익	8	10,000	
		수수료수익	10	3,000	
		손익	25		183,000
	31	손익	25	182,100	
		매출원가	5		80,000
		급여	9		100,000
		보험료	19		600
		임차료	15		1,000
		이자비용	23		500

위의 분개에 따른 대체관계는 다음과 같다.

매출원가계정 (16)

차변	대변
80,000	12/31 손익 80,000 →

임차료계정 (17)

차변	대변
1,000	12/31 손익 1,000 →

급여계정 (15)

차변	대변
100,000	12/31 손익 100,000 →

보험료계정 (19)

차변	대변
600	12/31 손익 600 →

이자비용계정 (20)

차변	대변
500	12/31 손익 500 →

손익계정 (24)

차변	대변
12/31 매출원가 80,000	12/31 매출 170,000
임차료 1,000	임대료수익 10,000
급여 100,000	수수료수익 3,000
보험료 600	
이자비용 500	

매출계정 (12)

차변	대변
← 12/31 손익170,000	170,000

임대료수익계정 (13)

차변	대변
← 12/31 손익 10,000	10,000

수수료수익계정 (14)

차변	대변
← 12/31 손익 3,000	3,000

2) 수익 · 비용계정의 마감

일반적인 분개의 전기방식에 손익계정의 대체는 일반전기절차와는 달리 수익과 비용에 속하는 각 계정의 합계액을 손익계정에 종합하여 표시하기 위한 절차이므로, 손익계정은 손익의 내용을 열거하는 것이 가장 중요한 목적으로 하는 계정이므로 각 계정을 계정과목별로 전기할 필요가 있다. 이를 위해서 손익에 속하는 계정과목마다 대체분개를 행하고 손익계정에 전기한다. 또 손익계정에서는 손익의 내용을 표시하기 위하여 적요란에 '상대의 계정과목'을 명시하고 손익에 속하는 계정에 대해서도 적요란에 상대계정으로 손익계정을 기입한다. 이는 손익계정에 대체하기 위해 기입한 것임을 밝히기 위해서다. 그 결과 손익계정에는 차변에 비용이, 대변에는 수익이 대체되어져 그 대차잔액은 순손익을 표시한다. 일반적으로 계정과목은 특정의 계산단위로서 그 증감을 기입하는 것이나, 손익계정은 이 점에서는 특수한 성질의 계정이다. 즉, 손익에 속하는 계정을 집계하여 열거하여 일정 기간 동안 발생한 수익과 비용을 개관할 수 있을 뿐만이 아니라 기간손익을 산출하는 것을 목적으로 한다.

(1) 수익계정의 마감

매출계정 (2)

12/31 손익	170,000	12/15 현금	30,000
		12/15 매출채권	20,000
		12/26 현금	120,000
	170,000		170,000

임대료수익계정 (8)

12/31 손익	10,000	12/31 현금	10,000
	10,000		10,000

수수료수익계정 (10)

12/31 손익	3,000	12/31 현금	3,000
	3,000		3,000

(2) 비용계정의 마감

매출원가계정 (5)

12/15 상품	25,000	12/31 손익	80,000
12/26 상품	55,000		
	80,000		80,000

급여계정 (15)

12/25 현금	100,000	12/31 손익	100,000
	100,000		100,000

보험료계정 (9)

12/28 현금	1,800	12/31 선급비용	1,200
		12/31 손익	600
	1,800		1,800

임차료계정 (9)

12/29 현금	1,000	12/31 손익	1,000
	1,000		1,000

이자비용계정 (23)

12/31	미지급비용	500	12/31	손익	500
		500			500

(3) 집합손익계정의 마감

(집합)손익계정 (13)

12/31	매출원가	80,000	12/31	매출	170,000
	급여	100,000		임대료수익	10,000
	보험료	600		수수료수익	3,000
	임차료	1,000			
	이자비용	500			
	이익잉여금	900			
		183,000			183,000

3) 당기순손익의 처리

이상의 기장에서 다음의 사실을 알 수 있다. 즉, 손익은 자본을 증감시킨다. 그러나 손익거래에 대하여 손익만을 바로 자본금의 증감으로 자본금계정에 기입한다면 원장에서는 손익의 내용이 기록되지 않는다. 그러므로 먼저 비용과 수익에 대하여 원인별로 계정을 설정하고 여기에 그 발생액을 기입한다. 그리고 사업연도 말에 이 비용과 수익을 손익계정에서 집합시켜 정리하고, 이 손익계정에서 순이익을 계산하여 자본금계정에 대체한다. 이와 같이 손익에 속하는 여러 계정은 자본금의 증감에 대하여 중간적 세목계정이며, 자본금계정의 증감내용에 대한 계산을 담당하는 계정으로 볼 수 있다.

분 개 장

12	31	(집합)손익	900	
		이익잉여금		900

4) 배당금계정의 마감과 이익잉여금계정으로 대체

만약, 배당금 지급시 배당금계정을 따로 설치하고 회계처리한 경우에는 기말 결산 장부마감할 때 배당금계정도 없애고 원래 계정인 이익잉여금계정 차변에 대체하는 분개를 해야 한다.

분 개 장

월	일	적요	차변	대변
12	31	이익잉여금	500	
		배당금		500

이익잉여금계정

차변		대변	
12/31배당금	500	12/31 손익	900

배당금계정

차변		대변	
12/31 현금	500	12/31이익잉여금	900

(집합)손익계정

차변		대변	
매출원가	80,000	매 출	170,000
급 여	100,000	임대료수익	10,000
보험료	600	수수료수익	3,000
임차료	1,000		
이자비용	500		
이익잉여금	900		
	183,000		183,000

5) 기타포괄손익계정의 마감과 기타포괄손익누계액계정으로 대체

유형자산의 공정가치 재평가와 기타손익금융자산의 공정자산의 평가의 경우에 장부마감할 때 기타포괄손익계정은 없애고 기타포괄손익누계액계정 대변에 대체하는 분개를 해야 한다.

분 개 장

월	일	적요	차변	대변
12	31	기타포괄손익	×××	
		기타포괄손익누계액		×××

6.2 자산 · 부채 · 자본계정의 마감

앞에서 설명한 바와 같이 수익 · 비용의 제계정을 마감하고 손익계정에서 순이익을 계산하여 이것을 자본금계정에 대체한 다음 자산 · 부채 · 자본의 제계정을 마감해야 한다. 이러한 마감 방법에는 영미식과 대륙식의 두 가지가 있다. 여기서는 '영미식 마감 방법'에 의하여 설명하기로 한다.

1) 총계정원장의 마감

자산 · 부채 및 자본에 속하는 계정은 대차차액을 금액이 적은 쪽의 적요란에 붉은 잉크로 **차기이월**이라고 기입하고, 대차합계를 일치시켜 마감한다. 그리고 이월액은 차기 최초의 날짜를 **차기이월**로 기입한 반대쪽에 **전기이월**로 하여 기입한다. 차기이월과 전기이월의 기입은 분개장의 기입에 의하지 않고 원장에서 이루어지므로 원장의 분면란에 (✓)를 기입한다.

현금계정 (1)

12/1	자 본 금	100,000	12/5	건 물	50,000
12/3	차 입 금	100,000	12/20	매입채무	30,000
12/15	매 출	30,000	12/25	급 여	100,000
12/18	임대료수익	12,000	12/28	보 험 료	1,800
12/23	매출채권	10,000	12/29	제 좌	31,000
12/26	매 출	120,000	12/31	배당금	500
12/30	수수료수익	2,000	**12/31**	**차기이월**	**160,700**
		374,000			374,000
1/1	전기이월	160,700			

매출채권계정 (2)

12/15	매 출	10,000	**12/31**	**차기이월**	**10,000**
		10,000			10,000
1/1	전기이월	10,000			

상품계정 (3)

12/10	매입채무	50,000	12/15	매출원가	25,000
12/22	매입채무	60,000	12/26	매출원가	55,000
			12/31	**차기이월**	**30,000**
		110,000			110,000
1/1	전기이월	30,000			

임차보증금계정 (4)

12/29	현 금	30,000	**12/31**	**차기이월**	**30,000**
		30,000			30,000
1/1	전기이월	30,000			

건물계정 (5)

12/5 현 금	50,000	**12/31 차기이월**	**50,000**
	50,000		50,000
1/1 전기이월	50,000		

차량운반구계정 (6)

12/7 차량운반구	20,000	**12/31 차기이월**	**20,000**
	20,000		20,000
1/1 전기이월	20,000		

매입채무계정 (7)

12/20 현 금	30,000	12/10 상 품	50,000
12/31 차기이월	80,000	12/22 상 품	60,000
	110,000		110,000
		1/1 전기이월	80,000

차입금계정 (8)

12/31 차기이월	**100,000**	12/3 현 금	100,000
	100,000		100,000
		1/1 전기이월	100,000

미지급금계정 (9)

12/31 차기이월	**20,000**	12/7 차량운반구	20,000
	20,000		20,000
		1/1 전기이월	20,000

자본금계정 (10)

12/31 차기이월	**100,000**	12/1 현 금	100,000
	100,000		100,000
		1/1 전기이월	100,000

선급비용계정 (19)

12/31 보험료	1,200	**12/31 차기이월**	**1,200**
	1,200		1,200
1/1 전기이월	1,200		

미지급비용계정 (21)

12/31 차기이월	**500**	12/31 이자비용	500
	500		500
		1/1 전기이월	500

선수수익계정 (22)

12/31 차기이월	**2,000**	12/31 임대료수익	2,000
	2,000		2,000
		1/1 전기이월	2,000

미수수익계정 (23)

12/31 수수료수익	1,000	**12/31 차기이월**	**1,000**
	1,000		1,000
1/1 전기이월	1,000		

이익잉여금계정 (24)

12/31 배 당 금	500	12/31 손 익	900
12/31 차기이월	**400**		
	900		900
		1/1 전기이월	400

2) 기타 장부의 마감

총계정원장 이외의 여러 장부, 즉 분개장을 비롯하여 현금출납장, 소액현금출납장, 당좌예금출납장, 받을어음기입장, 지급어음기입장, 상품재고장, 매출처원장, 매입처원장 등의 마감법은 모두 뒤에서 내용별로 설명할 것이다.

3) 이월시산표의 작성

영미식 결산법은 결산의 정확 여부를 검사하기 위하여 원장 각 계정의 차기이월 금액만을 모아서 잔액시산표를 작성하며, 이를 이월시산표라고 한다.

이월시산표

㈜부경물산 20×1년 12월 31일 (단위: 원)

차 변	계정과목	대 변
160,700	현 금	
10,000	매 출 채 권	
30,000	상 품	
30,000	임 차 보 증 금	
50,000	건 물	
20,000	차 량 운 반 구	
	매 입 채 무	80,000
	차 입 금	100,000
	미 지 급 금	20,000
	자 본 금	100,000
	이 익 잉 여 금	400
1,200	선 급 비 용	
	선 수 수 익	2,000
1,000	미 수 수 익	
	미 지 급 비 용	500
302,900		302,900

6.3 재무제표의 작성

원장의 각 계정을 마감하게 되면 결산본절차로써 장부마감을 마치게 된다. 장부마감을 하면 외부에 공표하는 재무제표의 작성이 결산절차의 마지막 절차가 된다. 대체로 이월시산표의 내용이 대차대조표가 되고, 집합손익계정의 내용이 손익계산서가 된다고 이해하여도 좋다.

재무상태표

㈜부경물산 20×1.12.31 (단위: 원)

현 금	160,700	차 입 금	100,000
매 출 채 권	10,000	매 입 채 무	80,000
상 품	30,000	미 지 급 금	20,000
임 차 보 증 금	30,000	선 수 수 익	2,000
건 물	50,000	미 지 급 비 용	500
차 량 운 반 구	20,000	자 본 금	100,000
선 급 비 용	1,200	이 익 잉 여 금	400
미 수 수 익	1,000	(당기순이익 900)	
자 산 총 계	302,900	부채및자본총계	302,900

손익계산서

㈜부경물산 20×1.12.1~12.31 (단위: 원)

매 출 원 가	30,000	매 출	170,000
급 여	100,000	임 대 료 수 익	10,000
보 험 료	600	수 수 료 수 익	3,000
임 차 료	1,000		
이 자 비 용	500		
당 기 순 이 익	900		
비 용 총 계	183,000	수 익 총 계	183,000

연습문제

1. 다음은 상품매매를 주 영업으로 하는 (주)부경물산의 20×1년도 수정전시산표와 결산수정사항이다.

수정전시산표

(주)부경물산 20×1.12.31 (단위: 원)

차변	금액	대변	금액
현 금	160,700	매 입 채 무	80,000
매 출 채 권	10,000	차 입 금	100,000
상 품	30,000	미 지 급 금	20,000
임 차 보 증 금	30,000	자 본 금	100,000
건 물	50,000	매 출	170,000
차 량 운 반 구	20,000	임 대 료 수 익	12,000
배 당 금	500	수 수 료 수 익	2,000
매 출 원 가	80,000		
급 여	100,000		
보 험 료	1,800		
임 차 료	1,000		
합계	484,000	합계	484,000

[기말수정사항]

1. 미경과 보험료는 ₩1,200이다.
2. 차입금에 대한 이자 ₩500이 발생하였으나, 아직 지급하지 못하다.
3. 시산표에 기록된 임대료수익 ₩12,000 중 임대기간이 경과되지 아니한 선수액은 ₩2,000이다.
4. 수수료수익이 추가로 발생하였으나, 결산일까지 받지 못한 미수액은 ₩1,000이다.

[요구사항]

1. 20×1년 12월 31일 기말수정분개를 하시오.
2. 수정후시산표(또는 8위식 정산표)를 작성하시오.
3. 20×1년 12월 31일 장부마감분개를 하고 집합손익계정과 이익잉여금계정에 대해 장부마감을 하시오.

2. 다음은 (주)부경유통의 20×1년 10월 31일 현재 수정전시산표와 결산수정사항이다. 이 회사의 회계기간은 1개월이며, 당기는 20×1년 10월 1일부터 10월 31일까지이다.

수정전시산표

(주)부경물산　　20×1.10.31　　(단위: 원)

계정과목	금액	계정과목	금액
현 금	220,000	매 입 채 무	240,000
매 출 채 권	280,000	선 수 금	49,000
상 품	220,000	차 입 금	30,000
선 급 보 험 료	40,000	자 본 금	422,000
토 지	100,000	이 익 잉 여 금	65,000
비 품	24,000	매 출	420,000
배 당 금	1,000	대 손 충 당 금	6,000
매 출 원 가	280,000		
급 여	60,000		
임 차 료	4,000		
소 모 품 비	3,000		
합계	1,232,000	합계	1,232,000

[기말수정사항]

1. 선급보험료 중에서 기간이 경과된 보험료는 ₩10,000이다.
2. 사무실 임차료 ₩4,000은 11월분까지 포함한 2개월분을 지급한 것이다.
3. 소모품비 중 미사용분은 ₩1,500이다.
4. 토지 10월 31일 현재 공정가치는 ₩120,000이다.
5. 10월 중에 토지를 일부 빌려주고 ₩20,000의 임대료수익이 발생하였으나 현금이 수취되지 않아 기록하지 않았음이 발견되었다.
6. 차입금 ₩30,000에 대한 이자는 연 12%로 이자는 만기에 원금과 같이 지급한다.
7. 선수금 중 ₩30,000은 10월 중에 거래처에 상품(원가 ₩20,000)이 인도가 되었는데, 장부기록을 누락되었음이 확인되었다.
8. 비품은 정액법에 의해 감가상각을 한다. 단, 내용연수는 5년이고 잔존가액은 없다.
9. 20×1년 10월 31일 현재 매출채권의 2%가 손상될 것으로 추정하였다.

[요구사항]

1. 20×1년 10월 31일 기말수정분개를 하시오.
2. 8위식 정산표를 작성하시오.
3. 20×1년 10월 31일 장부마감분개를 하고 이익잉여금계정의 장부마감을 하시오.

3. 다음은 상품매매를 주 영업으로 하는 (주)부경의 20×1년도 수정전시산표와 기말수정사항이다.

수정전시산표

(주)부경물산	20×1.12.31		(단위: 원)
현금	10,000	감가상각누계액	8,000
당기손익금융자산	15,000	매입채무	4,000
대여금	7,000	미지급금	2,000
매출채권	15,000	차입금	10,000
상품(80개×₩100)	8,000	자본금	50,000
소모품	4,000	이익잉여금	?
건물	40,000	매출	60,000
기타포괄손익금융자산	30,000	임대료수익	1,800
매입	35,000	이자수익	13,000
급여	1,000	대손충당금	700
보험료	4,000	매입에누리및환출	3,500
미수임대료수익	200	선수임대료수익	400
배당금	4,000		
매입운임	500		
매출할인	2,000		
합계		합계	

[기말수정사항]

1. 20×1년 12월 31일 현재 기말상품재고수량은 100개이다. 한편, 상품의 당기 매입 자료는 다음과 같으며 회사는 기말재고상품의 단가결정 방법을 후입선출법(LIFO)을 채택하고 있다.

   5월: 60개의 상품 개당 ₩150에 외상매입. 그 중 20개는 거래처에 반품하였다.

   7월: 40개의 상품 개당 ₩200에 현금매입. 그 중 일부 상품의 결함으로 거래처로부터 ₩500의 에누리 받았다.

   12월: 60개의 상품 개당 ₩300에 현금매입. 운임 ₩500은 매입자인 ㈜부경이 부담하였다.
2. 기말현금실사 결과 현금의 실제 잔액은 ₩9,700이었다. 원인은 ₩200의 여비교통비를 지급하고 기록하지 않은 것으로 판명되었고 나머지 ₩100은 결산일까지 원인이 밝혀지지 않았다.
3. 당기손익금융자산의 20×1년 12월 31일 현재 공정가치는 ₩14,500이다.
4. 기말매출채권 잔액 중 미래 현금회수할 것으로 추정된 금액은 ₩14,500이다.
5. 회사는 건물을 정액법에 의해 감가상각하며 내용연수는 10년이고 잔존가치는 없다.

6. 기타포괄손익금융자산은 ㈜홍콩의 주식을 장기간 보유하다가 매각하여 차액을 얻고자 취득한 것이다. 20×1년 12월 31일 현재 ㈜홍콩 주식의 공정가치는 ₩30,500이다.
7. 대여금에 대한 20×1년도 이자수익 발생액은 ₩15,000이다.
8. 시산표상에 계상된 임대료수익은 건물의 사무실을 여러 임차인에게 임대하고 20×1년도 동안 여러 임차인으로부터 현금으로 받은 금액이다. 20×1년 12월 31일 현재 임대료수익과 관련된 기말수정분개를 정확하게 반영한 미수임대료수익과 선수임대료수익은 각각 ₩400과 ₩1,200이다. 한편, 수정전시산표에 계상된 미수임대료수익과 선수임대료수익은 20×0년 12월 31일 현재 임대료수익과 관련된 기말수정분개를 정확하게 반영한 금액으로 20×1년도로 이월된 것이다.
9. 20×1년도 급여로 인식하여야 할 금액은 ₩2,000이다.
10. 보험료는 20×1년 5월 1일에 10개월분을 지급한 것이다.
11. 20×1년 12월 31일 현재 소모품재고액은 ₩3,000이었다.

[요구사항]

1. 20×1년 12월 31일 기말수정분개를 하시오.
2. 8위식 정산표를 작성하시오.
3. 20×1년 12월 31일 장부마감분개를 하시오.
4. 20×1년 12월 31일 현재 집한손익계정과 상품계정을 장부마감하시오.

4. (주)부경물산의 당기 영업활동의 내역은 다음 자료와 같다(단위: 원).

총매출액	5,000	매출에누리	50	매출환입	100	매출할인	50
총매입액	3,000	매입에누리	20	매입환출	50	매입할인	30
매입운임	100	매출운임	200	기초상품재고액	1,000	기말상품재고액	1,200
현금	800	자본금	200				

[물음] 1. 순매출액을 계산하라.

2. 매출원가를 아래의 순서로 계산하라.
   1) 판매가능액　　2) 당기순매입액　　3) 매출원가
3. 매출총이익을 계산하라.
4. 기말상품재고액, 매출원가와 매출총이익의 계산구조를 그림으로 표시하라.
5. 기말상품재고액의 평가와 관련하여 기말수정분개를 하라.
6. 기말상품재고액의 평가와 관련하여 정산표를 작성하라.
7. 기말상품재고액의 평가와 관련하여 장부마감분개를 하라.
8. 보고식 손익계산서를 작성하라.

제3부

제7장 종합사례

제7장 종합사례

제1절 종합사례 1

기본자료 4

기본자료 3의 다음연도

㈜부경물산의 20×2년 1월 1일 현재의 재무상태표와 1월의 거래는 아래와 같다.

재무상태표

㈜부경물산 20×2.1.1. 현재 (단위: 원)

차변	금액	대변	금액
현금	160,700	매입채무	80,000
매출채권	10,000	차입금	100,000
상품(50개)	30,000	미지급금	20,000
임차보증금	30,000	미지급비용	500
건물	50,000	선수수익	2,000
차량운반구	20,000	자본금	100,000
선급비용	1,200	이익잉여금	400
미수수익	1,000		
자산합계	302,900	부채와 자본합계	302,900

1월 1일 회사는 유상증자를 하여 주주로부터 현금 50,000원을 납입 받았다.

1월 2일 트럭을 8,000원에 구입하였다. 5,000원은 현금으로 지급하고 나머지는 2개월 후에 지급하기로 하였다.

1월 3일 서울상점에서 상품 65,000원(100개, @650원)을 외상으로 매입하고 운임 5,000원을 현금으로 지급하였다.

1월 4일 BNK와 당좌거래를 개설하고 은행에서 50,000원을 차입하여 이자 200원을 차감한 실수금을 당좌예금에 입금하였다. 차입금에 대한 이자율은 연 12%이고 이자는 7월 1일에 지급한다.

1월 5일 회사는 사용하던 차량운반구 4,000원을 3,500에 외상으로 처분하였다.

1월 8일 제주상점에 상품 50개(@600원)를 60,000원에 외상으로 판매하였다.

1월 10일 서울상점에서 매입한 상품 10개를 품질불량으로 반품하였다.

1월 12일 소모품 1,000원을 외상으로 구입하였다.

1월 14일 서울상점으로부터 상품 구입이 어려워 더 큰 거래처인 대전상점에게 상품 70,000원(100개, @700원)을 주문하고 선금 50,000원을 현금으로 지급하였다. 상품은 다음 달 정도에 받을 것으로 예상된다.

1월 15일 회사는 여유자금을 투자하기 위하여 단기매매목적으로 ㈜아무레의 주식 10주를 현금 100,000원을 주고 구입하였다.

1월 17일 제주상점이 외상대금 60,000원을 완납하여 5% 할인하여 주었다.

1월 18일 여유 사무실 임대료 12,000을 현금으로 받았다.

1월 20일 12월에 구입한 트럭에 대한 외상대금 10,000원과 1월 소모품에 대한 외상대금 500원을 현금으로 지급하였다.

1월 22일 종업원급여 100,000원을 현금으로 지급하였다.

1월 24일 제주상점으로부터 상품매입을 위한 선금 75,000원을 현금으로 받았다.

1월 26일 1월분 전기료 250원, 수도료 100원, 도시가스료 150원, 인터넷 사용료 1,000원, 영업사원 및 사장의 핸드폰 사용료 2,000원을 현금으로 지급하였다.

1월 28일 1월분 상품 배달 트럭의 유류비(차량유지비)로 1,000원을 현금으로 지출하였다.

1월 29일 창고에 대한 월 임차료 1,000원을 현금으로 지급하였다.

1월 31일 회사는 주주총회를 열어 주주들에게 배당금 200원을 지급하기로 선언하였다.

[기말수정사항]

① 소모품 기말재고액은 600원이다.

② 선급비용은 1월과 2월의 보험료를 12월에 선급한 것이다.

③ 부산은행과 BNK의 차입금에 대한 이자비용의 미지급분을 계상한다.

④ 회사는 건물(내용연수 10년, 잔존가액 2,000원)과 차량운반구(내용연수 5년, 잔존가액 취득원가의 10%)에 대해 정액법으로 감가상각하기로 했다.

⑤ 당기손익금융자산의 12월 31일 현재 공정가치는 120,000원이다.

⑥ 기말매출채권 잔액 중 미래 현금 회수할 것으로 추정된 금액은 9,800원이다.

⑦ 부산은행에 개설된 당좌예금에 대한 이자수익 발생액은 500원이다.

⑧ 1월 임대료수익으로 계상할 금액은 10,000원이다.

⑨ 매출 관련 계정을 매출계정으로 대체하다.

[요구사항]

1. 20×2년 1월 기중거래를 분개하라.
2. 20×2년 1월 기중거래를 총계정원장에 전기하라.
3. 20×2년 1일 31일 현재 수정전시산표(합계잔액시산표)를 작성하라.
4. 20×2년 1월 31일 현재 기말수정분개를 하고 8위식정산표를 완성하라.
5. 20×2년 1월 31일 현재 기말장부마감분개를 하고 장부마감을 하라.
6. 20×2년 1월 31일 현재 재무상태표와 20×2년 1월의 손익계산서를 작성하라.

---

1. 분개

거래	일자		차변 계정	금액		대변 계정	금액
거래 1 :	1/1	(차)	현금	50,000	(대)	자본금	50,000
거래 2 :	1/2	(차)	차량운반구	8,000	(대)	현금	5,000
						미지급금	3,000
거래 3 :	1/3	(차)	상품	70,000	(대)	매입채무	65,000
						현금	5,000
거래 4 :	1/4	(차)	당좌예금	49,800	(대)	차입금	50,000
			이자비용	200			
거래 5 :	1/5	(차)	미수금	3,500	(대)	차량운반구	4,000
			유형자산처분손실	500			
거래 6 :	1/8	(차)	매출채권	60,000	(대)	매출	60,000
			매출원가	30,000		상품	30,000
거래 7 :	1/10	(차)	매입채무	6,500	(대)	상품	6,500
거래 8 :	1/12	(차)	소모품	1,000	(대)	미지급금	1,000
거래 9 :	1/14	(차)	선급금	50,000	(대)	현금	50,000
거래 10 :	1/15	(차)	당기손익금융자산	100,000	(대)	현금	100,000
거래 11 :	1/17	(차)	현금	57,000	(대)	매출채권	60,000
			매출할인	3,000			
거래 12 :	1/18	(차)	현금	12,000	(대)	임대료수익	12,000
거래 13 :	1/20	(차)	미지급금	10,500	(대)	현금	10,500
거래 14 :	1/22	(차)	급여	100,000	(대)	현금	100,000
거래 15 :	1/24	(차)	현금	75,000	(대)	선수금	75,000
거래 16 :	1/26	(차)	수도광열비	500	(대)	현금	3,500
			통신비	3,000			
거래 17 :	1/28	(차)	차량유지비	1,000	(대)	현금	1,000
거래 18 :	1/29	(차)	임차료	1,000	(대)	현금	1,000
거래 19 :	1/31	(차)	이익잉여금	200	(대)	미지급배당금	200

2. 전기

현금계정 (1)

1/1	전기이월	160,700	1/2	차량운반구	5,000
1/1	자 본 금	50,000	1/3	상 품	5,000
1/17	매출채권	57,000	1/14	선 급 금	50,000
1/18	임대료수익	12,000	1/15	당기손익인식금융자산	100,000
1/24	선 수 금	75,000	1/20	미지급금	10,500
			1/22	종업원급여	100,000
			1/26	제 좌	3,500
			1/28	차량유지비	1,000
			1/29	임 차 료	1,000
	차변합계	354,700		대변합계	276,000

매출채권계정 (2)

1/1	전기이월	10,000	1/17	현 금	10,000
1/8	매 출	60,000			
	차변합계	70,000		대변합계	10,000

상품계정 (3)

1/1	전기이월	30,000	1/8	매출원가	30,000
1/3	매입채무	70,000	1/10	매입채무	6,500
	차변합계	100,000		대변합계	36,500

임차보증금계정 (4)

1/1	전기이월	30,000			
	차변합계	30,000			

건물계정 (5)

1/1	전기이월	50,000			
	차변합계	50,000			

차량운반구계정 (6)

1/1	전기이월	20,000	1/5	제 좌	4,000
1/2	제 좌	8,000			
	차변합계	28,000		대변합계	4,000

선급비용계정 (7)

1/1	전기이월	1,200			
	차변합계	1,200			

미수수익계정 (8)

1/1	전기이월	1,000			
	차변합계	1,000			

미수금계정 (9)

1/5	차량운반구	3,500			
	차변합계	3,500			

당좌예금계정 (10)

1/4	차 입 금	49,800			
	차변합계	49,800			

소모품계정 (11)

1/12	소 모 품	1,000			
	차변합계	1,000			

당기손익금융자산계정 (12)

1/15	현 금	100,000			
	차변합계	100,000			

선급금계정 (13)

1/14	현 금	50,000			
	차변합계	50,000			

매입채무계정 (14)

1/10	상 품	6,500	1/1	전기이월	80,000
			1/3	상 품	65,000
	차변합계	6,500		대변합계	145,000

차입금계정 (15)

			1/1	전기이월	100,000
			1/4	제 좌	50,000
				대변합계	150,0000

미지급금계정 (16)

1/20 현 금	10,500	1/1 전기이월	20,000
		1/2 차량운반	3,000
		1/12 소 모 품	1,000
차변합계	10,500	대변합계	24,000

미지급비용계정 (17)

		1/1 전기이월	500
		대변합계	500

선수수익계정 (18)

		1/1 전기이월	2,000
		대변합계	2,000

선수금계정 (19)

		1/24 현 금	75,000
		대변합계	75,000

미지급배당금계정 (20)

		1/31 이월이익잉여금	200
		대변합계	200

자본금계정 (19)

		1/1 전기이월	100,000
		1/1 현 금	50,000
		대변합계	150,000

이익잉여금계정 (22)

1/31 미지급배당금	200	1/1 전기이월	400
차변합계	200	대변합계	400

매출계정 (23)

		1/8 매출채권	60,000
		대변합계	60,000

매출할인계정 (24)

1/17 매출채권	3,000		
차변합계	3,000		

임대료수익계정 (25)

		1/18 현 금	12,000
		대변합계	12,000

매출원가계정 (26)

1/8 상 품	30,000		
차변합계	30,000		

급여계정 (27)

1/22 현 금	100,000		
차변합계	100,000		

수도광열비계정 (28)

1/26 현 금	500		
차변합계	500		

통신비계정 (29)

1/26 현 금	3,000		
차변합계	3,000		

임차료계정 (30)

1/29 현 금	1,000		
차변합계	1,000		

차량유지비계정 (31)

1/28 현 금	1,000		
차변합계	1,000		

유형자산처분손실계정 (32)

1/5 차 입 금	500		
차변합계	500		

이자비용계정 (33)

1/4 차 입 금	200		
차변합계	200		

3. 수정전시산표 작성

시 산 표

㈜부경물산 20×2.1.1~1.31 (단위: 원)

잔 액	합 계	원면	계정과목	합 계	잔 액
78,700	354,700	1	현 금	276,000	
10,000	70,000	2	매 출 채 권	60,000	
63,500	100,000	3	상 품	36,500	
30,000	30,000	4	임 차 보 증 금		
50,000	50,000	5	건 물		
24,000	28,000	6	차 량 운 반 구	4,000	
1,200	1,200	7	선 급 비 용		
1,000	1,000	8	미 수 수 익		
3,500	3,500	9	미 수 금		
49,800	49,800	10	당 좌 예 금		
1,000	1,000	11	소 모 품		
100,000	100,000	12	당기손익금융자산		
50,000	50,000	13	선 급 금		
	6,500	14	매 입 채 무	145,000	138,500
		15	차 입 금	150,000	150,000
	10,500	16	미 지 급 금	24,000	13,500
		17	미 지 급 비 용	500	500
		18	선 수 수 익	2,000	2,000
		19	선 수 금	75,000	75,000
		20	미 지 급 배 당 금	200	200
		21	자 본 금	150,000	150,000
	200	22	이 익 잉 여 금	400	200
		23	매 출	60,000	60,000
3,000	3,000	24	매 출 할 인		
		25	임 대 료 수 익	12,000	12,000
30,000	30,000	26	매 출 원 가		
100,000	100,000	27	급 여		
500	500	28	수 도 광 열 비		
3,000	3,000	29	통 신 비		
1,000	1,000	30	임 차 료		
1,000	1,000	31	차 량 유 지 비		
500	500	32	유형자산처분손실		
200	200	33	이 자 비 용		
601,900	995,600		합계	995,600	601,900

4. 기말수정분개

	차변	금액	대변	금액
①	(차) 소모품비	400*	(대) 소모품	400

*취득원가 1,000－기말재고액 600＝400

	차변	금액	대변	금액
②	(차) 보험료	600*	(대) 선급비용	600

* 선급비용 1,200/2개월＝600원

	차변	금액	대변	금액
③	(차) 이자비용	800*	(대) 미지급비용	800

* 부산은행: 100,000×6%×1/12＝500
  BNK: 50,000×12%×1/12－200＝300

	차변	금액	대변	금액
④	(차) 감가상각비	760	(대) 건물감가상각누계액	400*
			차량운반구감가상각누계액	360**

* 건물: (50,000－2,000)/10×1/12＝400
**차량운반구: (24,000－24,000×10%)/5×1/12＝360

	차변	금액	대변	금액
⑤	(차) 당기손익인식금융자산	20,000	(대) 당기손익금융자산평가이익	20,000*

* 120,000－100,000＝20,000

	차변	금액	대변	금액
⑥	(차) 대손상각비	200*	(대) 대손충당금	200

* 9,800－10,000＝－200 대손충당금(설정액)

	차변	금액	대변	금액
⑦	(차) 미수수익	500	(대) 이자수익	500
⑧	(차) 임대료수익	2,000*	(대) 선수수익	2,000

* 10,000－12,000＝－2,000 임대료 선수액

	차변	금액	대변	금액
⑨	(차) 매출	3,000	(대) 매출할인	3,000

5. 결산정리분개의 총계정원장 전기

현금계정 (1)

1/1	전기이월	160,700	1/2	차량운반구	5,000
1/1	자 본 금	50,000	1/3	상 품	5,000
1/17	매출채권	57,000	1/14	선 급 금	50,000
1/18	임대료수익	12,000	1/15	당기손익금융자산	100,000
1/24	선 수 금	75,000	1/20	미 지 급 금	10,500
			1/22	종업원급여	100,000
			1/26	제 좌	3,500
			1/28	차량유지비	1,000
			1/29	임 차 료	1,000
	차변합계	354,700		대변합계	276,000

매출채권계정 (2)

1/1	전기이월	10,000	1/17	제 좌	60,000
1/8	매 출	60,000			
	차변합계	70,000		대변합계	60,000

상품계정 (3)

1/1	전기이월	30,000	1/8	매출원가	30,000
1/3	매입채무	70,000	1/10	매입채무	6,500
	차변합계	100,000		대변합계	36,500

임차보증금계정 (4)

1/1	전기이월	30,000			
	차변합계	30,000			

건물계정 (5)

1/1	전기이월	50,000			
	차변합계	50,000			

차량운반구계정 (6)

1/1	전기이월	20,000	1/5	제 좌	4,000
1/2	제 좌	8,000			
	차변합계	28,000		대변합계	4,000

선급비용계정 (7)

1/1	전기이월	1,200	1/31	보 험 료	600
	차변합계	1,200		대변합계	600

미수수익계정 (8)

1/1	전기이월	1,000			
1/31	이자수익	500			
	차변합계	1,500			

미수금계정 (9)

1/5	차량운반구	3,500			
	차변합계	3,500			

당좌예금계정 (10)

1/4	차 입 금	49,800			
	차변합계	49,800			

소모품계정 (11)

1/12	소 모 품	1,000	①1/31	소모품비	400
	차변합계	1,000		대변합계	400

당기손익금융자산계정 (12)

1/15	현 금	120,000			
	차변합계	120,000			

선급금계정 (13)

1/14	현 금	50,000			
	차변합계	50,000			

매입채무계정 (14)

1/10	상 품	6,500	1/1	전기이월	80,000
			1/3	상 품	65,000
	차변합계	6,500		대변합계	145,000

차입금계정 (15)

			1/1	전기이월	100,000
			1/4	제 좌	50,000
				대변합계	150,000

미지급금계정 (16)

1/20	현 금	10,500	1/1	전기이월	20,000
			1/2	차량운반구	3,000
			1/12	소 모 품	1,000
	차변합계	10,500		대변합계	24,000

선수수익계정 (17)

			1/1	전기이월	2,000
			⑧1/31	임대료수익	2,000
				대변합계	4,000

미지급비용계정 (18)

			1/1	전기이월	500
			③1/31	이자비용	800
				대변합계	1,300

선수금계정 (19)

			1/24	현 금	75,000
				대변합계	75,000

미지급배당금계정 (20)

			1/31	배 당 금	200
				대변합계	200

자본금계정 (19)

			1/1	전기이월	100,000
			1/1	현 금	50,000
				대변합계	150,000

이익잉여금계정 (22)

1/31	미지급배당금	200	1/1	전기이월	400
	차변합계	200		대변합계	400

매출계정 (23)

⑨	매 출	3,000	1/8	매출채권	60,000
	차변합계	3,000		대변합계	60,000

매출할인계정 (24)

1/17	매출채권	3,000	⑨	매 출	3,000
	차변합계	3,000		대변합계	3,000

임대료수익계정 (25)

⑧1/31	선수수익	2,000	1/18	현 금	12,000
	차변합계	2,000		대변합계	12,000

매출원가계정 (26)

1/8	상 품	30,000			
	차변합계	30,000			

급여계정 (27)

1/22	현 금	100,000			
	차변합계	100,000			

수도광열비계정 (28)

1/26	현 금	500			
	차변합계	500			

통신비계정 (29)

1/26	현 금	3,000			
	차변합계	3,000			

임차료계정 (30)

적요	금액	적요	금액
1/29 현 금	1,000		
차변합계	1,000		

차량유지비계정 (31)

적요	금액	적요	금액
1/28 현 금	1,000		
차변합계	1,000		

유형자산처분손실계정 (32)

적요	금액	적요	금액
1/5 차 입 금	500		
차변합계	500		

이자비용계정 (33)

적요	금액	적요	금액
1/4 차 입 금	200		
③1/31 미지급비용	800		
차변합계	1,000		

소모품비계정 (34)

적요	금액	적요	금액
①1/31 소 모 품	400		
차변합계	400		

보험료계정 (35)

적요	금액	적요	금액
②1/31 보 험 료	600		
차변합계	600		

감가상각비계정 (36)

적요	금액	적요	금액
④1/31 건물감가상각누계액	400		
④1/31 차량운반구감가상각누계	360		
차변합계	760		

건물감가상각누계액계정 (37)

적요	금액	적요	금액
		④1/31 감가상각비	400
		대변합계	400

차량운반구감가상각누계액계정 (38)

적요	금액	적요	금액
		④1/31 감가상각비	360
		대변합계	360

당기손익금융자산평가이익계정 (39)

적요	금액	적요	금액
		⑤1/31 당 기 손 익 금 융 자 산	20,000
		대변합계	20,000

대손상각비계정 (40)

적요	금액	적요	금액
⑥1/31 대손충당금	200		
차변합계	200		

대손충당금계정 (41)

적요	금액	적요	금액
		⑥1/31 대손상각비	200
		대변합계	200

이자수익계정 (42)

적요	금액	적요	금액
		⑦1/31 미수수익	500
		대변합계	500

6. 수정후시산표

시 산 표

㈜부경물산　　20×2.1.1~1.31　　(단위: 원)

잔 액	합 계	원면	계정과목	합 계	잔 액
78,700	354,700	1	현금	276,000	
10,000	70,000	2	매출채권	60,000	
63,500	100,000	3	상품	36,500	
30,000	30,000	4	임차보증금		
50,000	50,000	5	건물		
24,000	28,000	6	차량운반구	4,000	
600	1,200	7	선급비용	②600	
1,500	⑦1,500	8	미수수익		
3,500	3,500	9	미수금		
49,800	49,800	10	당좌예금		
600	1,000	11	소모품	①400	
120,000	⑤120,000	12	당기손익금융자산		
50,000	50,000	13	선급금		
	6,500	14	매입채무	145,000	138,500
		15	차입금	150,000	150,000
	10,500	16	미지급금	24,000	13,500
		17	선수수익	⑧4,000	4,000
		18	미지급비용	③1,300	1,300
		19	선수금	75,000	75,000
		20	미지급배당금	200	200
		21	자본금	150,000	150,000
	200	22	이익잉여금	400	200
		23	매출	60,000	60,000
3,000	3,000	24	매출할인		
	⑧2,000	25	임대료수익	12,000	10,000
30,000	30,000	26	매출원가		
100,000	100,000	27	급여		
500	500	28	수도광열비		
3,000	3,000	29	통신비		
1,000	1,000	30	임차료		
1,000	1,000	31	차량유지비		
500	500	32	유형자산처분손실		
1,000	③1,000	33	이자비용		
400	①400	34	소모품비		
600	②600	35	보험료		
760	④760	36	감가상각비		
		37	건물감가상각누계액	④400	400
		38	차량운반구감가상각누계액	④360	360
		39	당기손익금융자산평가이익	⑤20,000	20,000
200	⑥200	40	대손상각비		
		41	대손충당금	⑥200	200
		42	이자수익	⑦500	500
624,160	1,020,860		합계	1,020,860	624,160

정 산 표

㈜부경물산 20×2.1.1~1.31 (단위: 원)

계정과목	수정전시산표		결산정리분개		손익계산서		대차대조표	
	차변	대변	차변	대변	차변	대변	차변	대변
현금	78,700						78,700	
매출채권	10,000						10,000	
상품	63,500						63,500	
임차보증금	30,000						30,000	
건물	50,000						50,000	
차량운반구	24,000						24,000	
선급비용	1,200			② 600			600	
미수수익	1,000		⑦ 500				1,500	
미수금	3,500						3,500	
당좌예금	49,800						49,800	
소모품	1,000			① 400			600	
당기손익금융자산	100,000		④ 20,000				120,000	
선급금	50,000						50,000	
매입채무		138,500						138,500
차입금		150,000						150,000
미지급금		13,500						13,500
선수수익		2,000		⑧ 2,000				4,000
미지급비용		500		③ 800				1,300
선수금		75,000						75,000
미지급배당금		200						200
자본금		150,000						150,000
이익잉여금		200						200
매출		60,000	⑨ 3,000			57,000		
매출할인	3,000			⑨ 3,000				
임대료수익		12,000	⑧ 2,000			10,000		
매출원가	30,000				30,000			
급여	100,000				100,000			
수도광열비	500				500			
통신비	3,000				3,000			
임차료	1,000				1,000			
차량유지비	1,000				1,000			
유형자산처분손실	500				500			
이자비용	200		③ 800		1,000			
소모품비			① 400		400			
보험료			② 600		600			
감가상각비			④ 760		760			
건물감가상각누계액				④ 400				400
차량운반구감가상각누계액				④ 360				360
당기손익인식금융자산평가이익				⑤20,000		20,000		
대손상각비			⑥ 200		200			
대손충당금				⑥ 200				200
이자수익				⑦ 500		500		
당기순손실						**51,460**	**51,460**	
합계	601,900	601,900	28,260	28,260	138,960	138,960	533,660	533,660

6. 장부마감분개 및 장부마감

1) 수익과 비용계정의 장부마감

㉠ (차) 매 출	57,000	(대) 집 합 손 익	87,500
임 대 료 수 익	10,000		
당기손익금융자산평가이익	20,000		
이 자 수 익	500		

㉡ (차) 집 합 손 익	138,960	(대) 급 여	100,000
		수 도 광 열 비	500
		통 신 비	3,000
		임 차 료	1,000
		차 량 유 지 비	1,000
		유형자산처분손실	500
		이 자 비 용	1,000
		매 출 원 가	30,000
		소 모 품 비	400
		보 험 료	600
		감 가 상 각 비	760
		대 손 상 각 비	200

㉢ (차) 이 익 잉 여 금	51,460	(대) 집 합 손 익	51,460

집합손익계정 (43)

차변		대변	
㉡ 제 좌	138,960	㉠ 제 좌	87,500
		㉢ 이익잉여금	51,460
차변합계	138,960	대변합계	138,960

매출계정 (23)

차변		대변	
⑨ 매출할인	3,000	1/8 매출채권	60,000
㉠ 집합손익	57,000		
차변합계	60,000	대변합계	60,000

임대료수익계정 (25)

차변		대변	
⑧1/31 선수수익	2,000	㉡1/18 현 금	12,000
㉠ 집합손익	10,000		
차변합계	12,000	대변합계	12,000

이자수익계정 (42)

㉠ 집합손익	500	⑦1/31 미수수익	500
차변합계	500	대변합계	500

당기손익금융자산평가이익계정 (39)

㉠ 집합손익	20,000	⑤1/31 당기손익금융자산	20,000
차변합계	20,000	대변합계	20,000

매출원가계정 (26)

1/8 상품	30,000	㉡ 집합손익	30,000
차변합계	30,000	대변합계	30,000

급여계정 (27)

1/22 현금	100,000	㉡ 집합손익	100,000
차변합계	100,000	대변합계	100,000

수도광열비계정 (28)

1/26 현금	500	㉡ 집합손익	500
차변합계	500	대변합계	500

통신비계정 (29)

1/26 현금	3,000	㉡ 집합손익	3,000
차변합계	3,000	대변합계	3,000

임차료계정 (30)

1/29 현금	1,000	㉡ 집합손익	1,000
차변합계	1,000	대변합계	1,000

차량유지비계정 (31)

1/28 현금	1,000	㉡ 집합손익	1,000
차변합계	1,000	대변합계	1,000

유형자산처분손실계정 (32)

1/5 차입금	500	㉡ 집합손익	500
차변합계	500	대변합계	500

이자비용계정 (33)

1/4 차입금	200	㉡ 집합손익	1,000
③1/31 미지급비	800		
차변합계	1,000	대변합계	1,000

소모품비계정 (34)

①1/31 소모품	400	㉡ 집합손익	400
차변합계	400	대변합계	400

보험료계정 (35)

②1/31 보험료	600	㉡ 집합손익	600
차변합계	600	대변합계	600

감가상각비계정 (36)

④1/31 건물감가상각누계액	400	㉡ 집합손익	760
④1/31 차량운반구감가상각누계	360		
차변합계	760	대변합계	760

대손상각비계정 (40)

⑥1/31 대손충당금	200	㉡ 집합손익	200
차변합계	200	대변합계	200

2) 자산, 부채 및 자본계정의 마감

현금계정 (1)

날짜	적요	금액	날짜	적요	금액
1/1	전기이월	160,700	1/2	차량운반구	5,000
1/1	자 본 금	50,000	1/3	상 품	5,000
1/17	매출채권	57,000	1/14	선 급 금	50,000
1/18	임대료수익	12,000	1/15	당 기 손 익 금융자산	100,000
1/24	선 수 금	75,000	1/20	미지급금	10,500
			1/22	종업원급여	100,000
			1/26	제 좌	3,500
			1/28	차량유지비	1,000
			1/29	임 차 료	1,000
			1/31	**차기이월**	**78,700**
	차변합계	354,700		대변합계	354,700
2/1	전기이월	78,700			

매출채권계정 (2)

날짜	적요	금액	날짜	적요	금액
1/1	전기이월	10,000	1/17	제 좌	60,000
1/8	매 출	60,000	1/31	**차기이월**	**10,000**
	차변합계	70,000		대변합계	70,000
2/1	전기이월	10,000			

상품계정 (3)

날짜	적요	금액	날짜	적요	금액
1/1	전기이월	30,000	1/8	매출원가	30,000
1/3	매입채무	70,000	1/10	매입채무	6,500
			1/31	**차기이월**	**63,500**
	차변합계	100,000		대변합계	100,000
2/1	전기이월	63,500			

임차보증금계정 (4)

날짜	적요	금액	날짜	적요	금액
1/1	전기이월	30,000	1/31	**차기이월**	**30,000**
	차변합계	30,000		대변합계	30,000
2/1	전기이월	30,000			

건물계정 (5)

날짜	적요	금액	날짜	적요	금액
1/1	전기이월	50,000	1/31	**차기이월**	**50,000**
	차변합계	50,000		대변합계	50,000
2/1	전기이월	50,000			

차량운반구계정 (6)

날짜	적요	금액	날짜	적요	금액
1/1	전기이월	20,000	1/5	제 좌	4,000
1/2	제 좌	8,000	1/31	**차기이월**	**24,000**
	차변합계	28,000		대변합계	28,000
2/1	전기이월	24,000			

선급비용계정 (7)

날짜	적요	금액	날짜	적요	금액
1/1	전기이월	1,200	②1/31	보 험 료	600
			1/31	**차기이월**	**600**
	차변합계	1,200		대변합계	1,200
2/1	전기이월	600			

미수수익계정 (8)

날짜	적요	금액	날짜	적요	금액
1/1	전기이월	1,000	1/31	**차기이월**	**1,500**
⑦1/31	이자수익	500			
	차변합계	1,500		대변합계	1,500
2/1	전기이월	1,500			

미수금계정 (9)

날짜	적요	금액	날짜	적요	금액
1/5	차량운반구	3,500	1/31	**차기이월**	**3,500**
	차변합계	3,500		대변합계	3,500
2/1	전기이월	3,500			

당좌예금계정 (10)

날짜	적요	금액	날짜	적요	금액
1/4	차 입 금	49,800	1/31	**차기이월**	**49,800**
	차변합계	49,800		대변합계	49,800
2/1	전기이월	49,800			

소모품계정 (11)

날짜	적요	금액	날짜	적요	금액
1/12	소 모 품	1,000	①1/31	소모품비	400
			1/31	**차기이월**	**600**
	차변합계	1,000		대변합계	1,000
2/1	전기이월	600			

당기손익금융자산계정 (12)

차변		대변	
1/15 현 금	120,000	**1/31 차기이월**	**120,000**
차변합계	120,000	대변합계	120,000
2/1 전기이월	120,000		

선급금계정 (13)

차변		대변	
1/14 현 금	50,000	**1/31 차기이월**	**50,000**
차변합계	50,000	대변합계	50,000
2/1 전기이월	50,000		

매입채무계정 (14)

차변		대변	
1/10 상 품	6,500	1/1 전기이월	80,000
1/31 차기이월	**138,500**	1/31 상 품	65,000
차변합계	145,000	대변합계	145,000
		2/1 전기이월	138,000

차입금계정 (15)

차변		대변	
1/31 차기이월	**150,000**	1/1 전기이월	100,000
		1/4 제 좌	50,000
차변합계	150,000	대변합계	150,000
		2/1 전기이월	150,000

미지급금계정 (16)

차변		대변	
1/20 현 금	10,500	1/1 전기이월	20,000
1/31 차기이월	**13,500**	1/2 차량운반	3,000
		1/12 소 모 품	1,000
차변합계	24,000	대변합계	24,000
		2/1 전기이월	13,500

선수수익계정 (17)

차변		대변	
1/31 차기이월	**4,000**	1/1 전기이월	2,000
		⑧1/31 임대료수익	2,000
차변합계	4,000	대변합계	4,000
		2/1 전기이월	4,000

미지급비용계정 (18)

차변		대변	
1/31 차기이월	**1,300**	1/1 전기이월	500
		③1/31 이자비용	800
차변합계	1,300	대변합계	1,300
		2/1 전기이월	1,300

선수금계정 (19)

차변		대변	
1/31 차기이월	**75,000**	1/24 현 금	75,000
차변합계	75,00	대변합계	75,000
		2/1 전기이월	75,000

미지급배당금계정 (20)

차변		대변	
1/31 차기이월	**200**	1/31 배 당 금	200
차변합계	200	대변합계	200
		2/1 전기이월	200

자본금계정 (21)

차변		대변	
1/31 차기이월	**150,000**	1/1 전기이월	100,000
		1/1 현 금	50,000
차변합계	150,000	대변합계	150,000
		2/1 전기이월	150,000

이익잉여금계정 (22)

차변		대변	
1/31 미지급배당금	200	1/1 전기이월	400
ⓒ 손 익	51,460	**1/31 차기이월**	**51,260**
차변합계	51,660	대변합계	51,660
2/1 전기이월	51,260		

건물감가상각누계액계정 (37)

차변		대변	
1/31 차기이월	**400**	④1/31 감가상각비	400
차변합계	400	대변합계	400
		2/1 전기이월	400

차량운반구감가상각누계액계정 (38)

차변		대변	
1/31 차기이월	**360**	④1/31 감가상각비	360
차변합계	360	대변합계	360
		2/1 전기이월	360

대손충당금계정 (41)

차변		대변	
1/31 차기이월	**200**	⑥1/31 대손상각비	200
차변합계	200	대변합계	200
		2/1 전기이월	200

7. 재무제표

재무상태표

㈜부경물산 20×2.1.31 현재 (단위: 원)

자산:			부채:	
현금		78,700	매입채무	138,500
매출채권	10,000		차입금	150,000
대손충당금	(200)	9,800	미지급금	13,500
상품		63,500	선수수익	4,000
임차보증금		30,000	미지급비용	1,300
건물	50,000		선수금	75,000
건물감가상각누계액	(400)	49,600	미지급배당금	200
차량운반구	24,000			
차량운반구감가상각누계액	(360)	23,640		
선급비용		600	**자본:**	
미수수익		1,500	자본금	150,000
미수금		3,500	이익잉여금	(51,260)
당좌예금		49,800	**(당기순손실 51,460)**	
소모품		600		
당기손익인식금융자산		120,000		
선급금		50,000		
자산총계		481,240	부채와 자본 총계	481,240

손익계산서

㈜부경물산 20×2.1.1~1.31 (단위: 원)

종업원급여	100,000	매출	57,000
수도광열비	500	임대료수익	10,000
통신비	3,000	당기손익인식금융자산평가이익	20,000
임차료	1,000	이자수익	500
차량유지비	1,000		
유형자산처분손실	500		
이자비용	1,000		
매출원가	30,000		
소모품비	400		
보험료	600		
감가상각비	760		
대손상각비	200	**당기순손실**	**51,460**
비용 총계	138,960	수익 및 당기순손실 총계	138,960

제2절 종합사례 2

기본자료 5

다음은 20×1년 12월 1일에 설립된 상품매매를 주 영업으로 하는 (주)부경물산의 20×1년도 거래내역이다.

1. 기중거래

12월 1일 주주 4명은 각각 현금 ₩200,000, 상품 ₩80,000(A상품 @₩250 200개, B상품 @₩300 100개), 당기손익금융자산 ₩40,000(삼성전자주식 액면 ₩50, 공정가치 ₩80, 500주), 차량운반구 ₩400,000을 출자하여 회사를 설립하여 영업을 시작하다.

12월 1일 부산은행과 당좌거래를 개설하고 은행에서 ₩100,000을 차입하여 이자 ₩200을 차감한 실수금을 당좌예금에 입금하다. 차입금에 대한 이자율은 연 12%이고 이자는 1월 1일과 7월 1일에 지급한다.

12월 1일 사무실을 임차하면서 보증금 ₩30,000을 건물주에게 현금 지급하다. 월임차료 ₩3,000은 매월 15일에 지급하기로 하다.

12월 2일 서울상점에서 상품 ₩35,000(B상품 @₩350, 100개)을 외상으로 매입하고 운임 ₩1,500을 현금으로 지급하다.

12월 3일 사무실에 대해서 화재보험을 가입하고 보험료로 ₩3,000을 현금으로 지급하다.

12월 4일 울산상점에 상품 ₩120,000(B상품 @₩800, 150개)을 외상으로 판매하고 울산상점까지 운송비 ₩500을 현금으로 지급하다.

12월 5일 제주상점에서 상품 ₩105,000(A상품 @₩700, 150개)을 판매하고 ₩66,200은 현금으로 받고 ₩38,800은 외상으로 하다.

12월 6일 사무용 소모품 ₩1,000을 외상으로 구입하다.

12월 7일 동산상점에서 상품 ₩30,000(A상품 @₩300, 100개)을 매입하고 대금 중 ₩20,000은 현금으로 지급하고 나머지는 외상으로 하다.

12월 9일 종업원에 대한 급여로 ₩5,000을 지급하다.

12월 10일 비품 ₩50,000을 구입하고 대금 중 ₩20,000은 현금으로 지급하고 나머지는 외상으로 하다.

12월 11일 동산상점에서 매입한 A상품 중 20개를 품질불량으로 반품하다.

12월 13일 전주상점에 상품 ₩75,000(A상품 @₩750, 100개)을 외상판매하다.

12월 14일 월임차료 ₩3,000을 지급하다.

12월 15일 회사는 2월 개업 준비 중인 K마트에 창업컨설팅을 제공하기로 계약하고 현금 ₩100,000을 받다.

12월 16일 서울상점에서 상품 ₩30,000(B상품 @₩300, 100개)을 매입하고 대금 중 ₩10,000은 현금으로 지급하고 나머지는 외상으로 하다.

12월 17일 전주상점에 대한 외상대금 ₩60,000을 받고 그중 2%를 할인하여 주다.
12월 20일 광주상점에 상품 ₩108,000(B상품 @₩900, 120개)을 외상으로 판매하다.
12월 21일 보유하고 있던 삼성전자주식 50주를 1주 ₩90으로 매각하고 대금은 현금으로 받다.
12월 25일 광주상점에 대하여 상품불량으로 ₩8,000의 에누리를 해주다.
12월 26일 동산상점에 대한 외상대금 ₩4,000을 현금으로 지급하다.
12월 30일 전기료와 수도료 ₩2,000을 지급하다.
12월 31일 주주총회에서 1월 3일에 배당금 ₩500을 지급하기로 결의하다.

2. 기말수정사항

① 기말상품 실지재고량은 A상품 30개, B상품 30개이다. 이 회사는 기말상품재고의 단가결정 방법을 선입선출법을 채택하고 있다.
② 소모품 기말재고액은 ₩600이다.
③ 보험료는 6개월분을 현금으로 지급한 것이다.
④ 부산은행 차입금에 대한 이자비용의 미지급분을 계상하다.
⑤ 회사는 비품(내용연수 5년, 잔존가액 ₩2,000)과 차량운반구(내용연수 10년, 잔존가액 취득원가의 10%)에 대해 정액법으로 감가상각하기로 하다.
⑥ 당기손익금융자산의 12월 31일 현재 공정가치는 ₩76이다.
⑦ 기말매출채권 잔액 중 미래 현금회수할 것으로 추정되는 금액은 ₩270,000이다.
⑧ K마트에 대한 컨설팅제공기간은 12월에서 내년 1월까지 2달간이다. 용역수익은 일수가 아닌 월 단위로 계상한다.
⑨ 부산은행에 개설된 당좌예금에 대한 이자수익 발생액은 ₩500이다.

[요구사항]

1. 20×1년 12월 기중거래를 분개하라.
2. 20×1년 12월 기중거래를 총계정원장에 전기하라.
3. 20×1년 12월 31일 현재 수정전시산표(합계잔액시사표)를 작성하라.
4. 20×1년 12월 31일 현재 기말수정분개를 하고 8위식 정산표를 완성하라.
5. 20×1년 12월 31일 현재 기말장부마감분개를 하고 장부마감을 하라.
6. 20×1년 12월 31일 현재 재무상태표와 20×1년 12월의 손익계산서를 작성하라.

1. 분개

거래	일자		차변 계정	금액		대변 계정	금액
거래 1 :	12/1	(차)	현금	200,000	(대)	자본금	720,000
			상품	80,000			
			당기손익금융자산	40,000			
			차량운반구	400,000			
거래 2 :	12/1	(차)	당좌예금	99,800	(대)	차입금	100,000
			이자비용	200			
거래 3 :	12/1	(차)	임차보증금	30,000	(대)	현금	30,000
거래 4 :	12/2	(차)	매입	35,000	(대)	매입채무	35,000
			매입운임	1,500		현금	1,500
거래 5 :	12/3	(차)	보험료	3,000	(대)	현금	3,000
거래 6 :	12/4	(차)	매출채권	120,000	(대)	매출	120,000
			운반비(매출운임)	500		현금	500
거래 7 :	12/5	(차)	현금	66,200	(대)	매출	105,000
			매출채권	38,800			
거래 8 :	12/6	(차)	소모품	1,000	(대)	미지급금	1,000
거래 9 :	12/7	(차)	매입	30,000	(대)	현금	20,000
						매입채무	10,000
거래10 :	12/9	(차)	급여	5,000	(대)	현금	5,000
거래11 :	12/10	(차)	비품	50,000	(대)	현금	20,000
						미지급금	30,000
거래12 :	12/11	(차)	매입채무	6,000	(대)	매입환출	6,000
거래13 :	12/13	(차)	매출채권	75,000	(대)	매출	75,000
거래14 :	12/14	(차)	임차료	3,000	(대)	현금	3,000
거래15 :	12/15	(차)	현금	100,000	(대)	선수수익	100,000
거래16 :	12/16	(차)	매입	30,000	(대)	현금	10,000
						매입채무	20,000
거래17 :	12/17	(차)	현금	58,800	(대)	매출채권	60,000
			매출할인	1,200			
거래18 :	12/20	(차)	매출채권	108,000	(대)	매출	108,000
거래19 :	12/21	(차)	현금	4,500	(대)	당기손익금융자산	4,000
						당기손익금융자산처분이익	500
거래20 :	12/25	(차)	매출에누리	8,000	(대)	매출채권	8,000
거래21 :	12/26	(차)	매입채무	4,000	(대)	현금	4,000
거래22 :	12/30	(차)	수도광열비	2,000	(대)	현금	2,000
거래23 :	12/31	(차)	배당금	500	(대)	미지급배당금	500

2. 전기

현금계정 (1)

12/1	자본금	200,000	12/1	임차보증금	30,000
12/5	매출	66,200	12/2	매입운임	1,500
12/15	선수수익	100,000	12/3	보험료	3,000
12/17	매출채권	58,800	12/4	운송비	500
12/21	제좌	4,500	12/7	매입	20,000
			12/9	급여	5,000
			12/10	비품	20,000
			12/11	임차료	3,000
			12/16	매입	10,000
			12/26	매입채무	4,000
			12/30	수도광열비	2,000
	차변합계	429,500		대변합계	99,000

당좌예금계정 (2)

12/1	차입금	99,800			
	차변합계	99,800			

상품계정 (3)

12/1	자본금	80,000			
	차변합계	80,000			

매출채권계정 (4)

12/4	매출	120,000	12/17	제좌	60,000
12/5	매출	38,800	12/25	매출에누리	8,000
12/13	매출	75,000			
12/20	매출	108,000			
	차변합계	341,800		대변합계	68,000

당기손익금융자산계정 (5)

12/1	자본금	40,000	12/21	현금	4,000
	차변합계	40,000		대변합계	4,000

소모품계정 (6)

12/6	미지급금	1,000			
	차변합계	1,000			

임차보증금계정 (7)

12/1	현금	30,000			
	차변합계	30,000			

비품계정 (8)

12/10	제좌	50,000			
	차변합계	50,000			

차량운반구계정 (9)

12/1	자본금	400,000			
	차변합계	400,000			

차입금계정 (10)

			12/1	제좌	100,000
				대변합계	100,000

매입채무계정 (11)

12/11	매입환출	6,000	12/1	매입	35,000
12/26	현금	4,000	12/7	매입	10,000
			12/16	매입	20,000
	차변합계	10,000		대변합계	65,000

미지급금계정 (12)

			12/9	소모품	1,000
			12/10	비품	30,000
				대변합계	31,000

미지급배당금계정 (13)

			12/31	배당금	500
				대변합계	500

선수수익계정 (14)

차변	금액	대변	금액
		12/15 현 금	100,000
		대변합계	100,000

자본금계정 (15)

차변	금액	대변	금액
		12/1 제 좌	720,000
		대변합계	720,000

배당금계정 (16)

차변	금액	대변	금액
12/31 미지급배당금	500		
차변합계	500		

매출계정 (17)

차변	금액	대변	금액
		12/4 매출채권	120,000
		12/5 제 좌	105,000
		12/13 매출채권	75,000
		12/30 매출채권	108,000
		대변합계	408,000

매출에누리계정 (18)

차변	금액	대변	금액
12/25 매출채권	8,000		
차변합계	8,000		

매출할인계정 (19)

차변	금액	대변	금액
12/7 매출채권	1,200		
차변합계	1,200		

당기손익금융자산처분이익계정 (20)

차변	금액	대변	금액
		12/21 현 금	500
		대변합계	500

매입계정 (21)

차변	금액	대변	금액
12/2 제 좌	36,500		
12/7 제 좌	30,000		
12/16 제 좌	30,000		
차변합계	95,000		

매입환출계정 (22)

차변	금액	대변	금액
		12/11 매입채무	6,000
		대변합계	6,000

매입운임계정 (23)

차변	금액	대변	금액
12/2 현 금	1,500		
차변합계	1,500		

보험료계정 (24)

차변	금액	대변	금액
12/3 현 금	3,000		
차변합계	3,000		

운반비계정 (25)

차변	금액	대변	금액
12/4 현 금	500		
차변합계	500		

급여계정 (26)

차변	금액	대변	금액
12/9 현 금	5,000		
차변합계	5,000		

이자비용계정 (27)

차변	금액	대변	금액
12/1 차 입 금	200		
차변합계	200		

임차료계정 (28)

차변	금액	대변	금액
12/14 현 금	3,000		
차변합계	3,000		

수도광열비계정 (29)

차변	금액	대변	금액
12/30 현 금	2,000		
차변합계	2,000		

3. 수정전시산표 작성

시 산 표

㈜부경물산 20×1.12.1~12.31 (단위: 원)

잔 액	합 계	원면	계정과목	합 계	잔 액
330,500	429,500	1	현 금	99,000	
99,800	99,800	2	당 좌 예 금		
80,000	80,000	3	상 품		
273,800	341,800	4	매 출 채 권	68,000	
36,000	40,000	5	당 기 손 익 금 융 자 산	4,000	
1,000	1,000	6	소 모 품		
30,000	30,000	7	임 차 보 증 금		
50,000	50,000	8	비 품		
400,000	400,000	9	차 량 운 반 구		
		10	차 입 금	100,000	100,000
	10,000	11	매 입 채 무	65,000	55,000
		12	미 지 급 금	31,000	31,000
		13	미 지 급 배 당 금	500	500
		14	선 수 수 익	100,000	100,000
		15	자 본 금	720,000	720,000
500	500	16	배 당 금		
		17	매 출	408,000	408,000
8,000	8,000	18	매 출 에 누 리		
1,200	1,200	19	매 출 할 인		
		20	당기손익금융자산처분이익	500	500
95,000	95,000	21	매 입		
		22	매 입 환 출	6,000	6,000
1,500	1,500	23	매 입 운 임		
3,000	3,000	24	보 험 료		
500	500	25	운 반 비		
5,000	5,000	26	급 여		
200	200	27	이 자 비 용		
3,000	3,000	28	임 차 료		
2,000	2,000	29	수 도 광 열 비		
1,421,000	1,602,000		합 계	1,602,000	1,421,000

4. 기말수정분개

①	(차)	매 출	9,200	(대)	매출에누리	8,000
					매출할인	1,200
	(차)	매입환출	6,000	(대)	매 입	4,500
					매입운임	1,500
	(차)	매 입	80,000	(대)	상 품	80,000
		상 품	18,000*		매 입	18,000

* A: 30개 × @300 = 9,000
B: 30개 × @300 = 9,000 18,000

②	(차)	소모품비	400	(대)	소 모 품	400
③	(차)	선급비용	2,500	(대)	보 험 료	2,500*

* 보험료: 3,000 × 5/6 = 2,500

④	(차)	이자비용	800*	(대)	미지급비용	800

*100,000×12%×1/12－200(선이자) = 800

⑤	(차)	감가상각비	3,800	(대)	비품감가상각누계액	800*
					차량운반구감가상각누계액	3,000**

*비품: (50,000－2,000) × 1/5 × 1/12 = 800
**차량운반구: (400,000－40,000) × 1/10 × 1/12 = 3,000

⑥	(차)	당기손익금융자산평가손실	1,800*	(대)	당기손익금융자산	1,800

* (80－76) × 450 = 1,800

⑦	(차)	대손상각비	3,800*	(대)	대손충당금	3,800

* 273,800－270,000 = 3,800

⑧	(차)	선수수익	50,000	(대)	용역수익	50,000
⑨	(차)	미수수익	500	(대)	이자수익	500

5. 결산정리분개의 총계정원장 전기

현금계정 (1)

12/1 자 본 금	200,000	12/1 임차보증금	30,000
12/5 매 출	66,200	12/2 매입운임	1,500
12/15 선수수익	100,000	12/3 보 험 료	3,000
12/17 매출채권	58,800	12/4 운 송 비	500
12/21 제 좌	4,500	12/7 매 입	20,000
		12/9 급 여	5,000
		12/10 비 품	20,000
		12/11 임 차 료	3,000
		12/16 매 입	10,000
		12/26 매입채무	4,000
		12/30 수도광열비	2,000
차변합계	429,500	대변합계	99,000

당좌예금계정 (2)

12/1 차 입 금	99,800		
차변합계	99,800		

상품계정 (3)

12/1 자 본 금	80,000	12/31 ① 매 입	80,000
12/31 ① 매 입	18,000		
차변합계	98,000	대변합계	80,000

매출채권계정 (4)

12/4 매 출	120,000	12/17 제 좌	60,000
12/5 매 출	38,800	12/25 매출에누리	8,000
12/13 매 출	75,000		
12/20 매 출	108,000		
차변합계	341,000	대변합계	68,000

당기손익인식금융자산계정 (5)

12/1 자 본 금	40,000	12/21 현 금	4,000
		12/31⑥ 당기손익금융자산평가손실	1,800
차변합계	40,000	대변합계	5,800

소모품계정 (6)

12/6 미지급금	1,000	12/31 ②소모품비	400
차변합계	1,000	대변합계	400

임차보증금계정 (7)

12/1 현 금	30,000		
차변합계	30,000		

비품계정 (8)

12/10 제 좌	50,000		
차변합계	50,000		

차량운반구계정 (9)

12/1 자 본 금	400,000		
차변합계	400,000		

차입금계정 (10)

		12/1 제 좌	100,000
		대변합계	100,000

매입채무계정 (11)

12/11 매입환출	6,000	12/1 매 입	35,000
12/26 현 금	4,000	12/7 매 입	10,000
		12/16 매 입	20,000
차변합계	10,000	대변합계	65,000

미지급금계정 (12)

		12/6 소모품비	1,000
		12/10 비 품	30,000
		대변합계	31,000

미지급배당금계정 (13)

		12/31 배 당 금	500
		대변합계	500

선수수익계정 (14)

12/31 ⑧용역수익	50,000	12/15 현 금	100,000
차변합계	50,000	대변합계	100,000

자본금계정 (15)

		12/1 제 좌	720,000
		대변합계	720,000

배당금계정 (16)

12/31 미지급배당금	500		
차변합계	500		

매출계정 (17)

12/31 ①제 좌	9,200	12/4 매출채권	120,000
		12/5 제 좌	105,000
		12/13 매출채권	75,000
		12/20 매출채권	108,000
차변합계	9,200	대변합계	408,000

매출에누리계정 (18)

12/25 매출채권	8,000	12/31 ①매 출	8,000
차변합계	8,000	대변합계	8,000

매출할인계정 (19)

12/7 매출채권	1,200	12/31 ①매 출	1,200
차변합계	1,200	대변합계	1,200

당기손익금융자산처분이익계정 (20)

		12/21 현 금	500
		대변합계	500

매입계정 (21)

12/2 제 좌	35,000	12/31 ①매입환출	4,500
12/7 제 좌	30,000	①상 품	18,000
12/16 제 좌	30,000		
12/31 ①상 품	80,000		
차변합계	175,000	대변합계	22,500

매입환출계정 (22)

12/31 ①제 좌	6,000	12/11 매입채무	6,000
차변합계	6,000	대변합계	6,000

매입운임계정 (23)

12/2 현 금	1,500	12/31 ①매입환출	1,500
차변합계	1,500	대변합계	1,500

보험료계정 (24)

12/3 현 금	3,000	12/31 ③선급비용	2,500
차변합계	3,000	대변합계	2,500

운반비계정 (25)

12/4 현 금	500		
차변합계	500		

급여계정 (26)

12/9 현 금	5,000		
차변합계	5,000		

이자비용계정 (27)

12/1 차 입 금	200		
12/31 ④미지급비용	800		
차변합계	1,000		

임차료계정 (28)

차변		대변	
12/14 현 금	3,000		
차변합계	3,000		

수도광열비계정 (29)

차변		대변	
12/30 현 금	2,000		
차변합계	2,000		

선급비용계정 (30)

차변		대변	
12/31 ③보험료	2,500		
차변합계	2,500		

소모품비계정 (31)

차변		대변	
12/31 ②소모품	400		
차변합계	400		

미지급비용계정 (32)

차변		대변	
		12/31 ④이자비용	800
		대변합계	800

감가상각비계정 (33)

차변		대변	
12/31 ⑤제 좌	3,800		
차변합계	3,800		

비품감가상각누계액계정 (34)

차변		대변	
		12/31 ⑤감가상각비	800
		대변합계	800

차량운반구감가상각누계액계정 (35)

차변		대변	
		12/31 ⑤감가상각비	3,000
		대변합계	3,000

당기손익금융자산평가손실계정 (36)

차변		대변	
12/31 ⑥당기손익금융자산	1,800		
차변합계	1,800		

대손상각비계정 (37)

차변		대변	
12/31 ⑦제 좌	3,800		
차변합계	3,800		

대손충당금계정 (38)

차변		대변	
		12/31 ⑦대손상각비	3,800
		대변합계	3,800

용역수익계정 (39)

차변		대변	
		12/31 ⑤선수수익	50,000
		대변합계	50,000

미수수익계정 (40)

차변		대변	
12/31 ⑨이자수익	500		
차변합계	500		

이자수익계정 (41)

차변		대변	
		12/31 ⑨미수수익	500
		대변합계	500

6. 수정후시산표

시 산 표

㈜부경물산 20×1.12.1~12.31 (단위: 원)

잔 액	합 계	원면	계정과목	합 계	잔 액
330,500	429,500	1	현 금	99,000	
99,800	99,800	2	당 좌 예 금		
18,000	98,000	3	상 품	80,000	
273,800	341,800	4	매 출 채 권	68,000	
34,200	40,000	5	당 기 손 익 금 융 자 산	5,800	
600	1,000	6	소 모 품	400	
30,000	30,000	7	임 차 보 증 금		
50,000	50,000	8	비 품		
400,000	400,000	9	차 량 운 반 구		
		10	차 입 금	100,000	100,000
	10,000	11	매 입 채 무	65,000	55,000
		12	미 지 급 금	31,000	31,000
		13	미 지 급 배 당 금	500	500
	50,000	14	선 수 수 익	100,000	50,000
		15	자 본 금	720,000	720,000
500	500	16	배 당 금		
	9,200	17	매 출	408,000	398,800
	8,000	18	매 출 에 누 리	8,000	
	1,200	19	매 출 할 인	1,200	
		20	당기손익금융자산처분이익	500	500
152,500	175,000	21	매 입	22,500	
	6,000	22	매 입 환 출	6,000	
	1,500	23	매 입 운 임	1,500	
500	3,000	24	보 험 료	2,500	
500	500	25	운 반 비		
5,000	5,000	26	급 여		
1,000	1,000	27	이 자 비 용		
3,000	3,000	28	임 차 료		
2,000	2,000	29	수 도 광 열 비		
2,500	2,500	30	선 급 비 용		
400	400	31	소 모 품 비		
		32	미 지 급 비 용	800	800
3,800	3,800	33	감 가 상 각 비		
		34	비 품 감 가 상 각 누 계 액	800	800
		35	차량운반구감가상각누계액	3,000	3,000
1,800	1,800	36	당기손익금융자산평가손실		
3,800	3,800	37	대 손 상 각 비		
		38	대 손 충 당 금	3,800	3,800
		39	용 역 수 익	50,000	50,000
500	500	40	미 수 수 익		
		41	이 자 수 익	500	500
1,414,700	1,778,800		합 계	1,778,800	1,414,700

정 산 표

㈜부경물산 20×1.12.1~12.31 (단위: 원)

계 정 과 목	수정전시산표		기말수정분개		포괄손익계산서		재무상태표	
	차 변	대 변	차 변	대 변	차 변	대 변	차 변	대 변
현 금	330,500						330,500	
당 좌 예 금	99,800						99,800	
상 품	80,000		①18,000	①80,000			18,000	
매 출 채 권	273,800						273,800	
당기손익금융자산	36,000			⑥1,800			34,200	
소 모 품	1,000			②400			600	
임 차 보 증 금	30,000						30,000	
비 품	50,000						50,000	
차 량 운 반 구	400,000						400,000	
차 입 금		100,000						100,000
매 입 채 무		55,000						55,000
미 지 급 금		31,000						31,000
미 지 급 배 당 금		500						500
선 수 수 익		100,000	⑧50,000					50,000
자 본 금		720,000						720,000
배 당 금	500						500	
매 출		408,000	①9,200			398,800		
매 출 에 누 리	8,000			①8,000				
매 출 할 인	1,200			①1,200				
당기손익금융자산처분이익		500				500		
매 입	95,000		①80,000	①22,500	152,500			
매 입 환 출		6,000	①6,000					
매 입 운 임	1,500			①1,500				
보 험 료	3,000			③2,500	500			
운 반 비	500				500			
급 여	5,000				5,000			
이 자 비 용	200		④800		1,000			
임 차 료	3,000				3,000			
수 도 광 열 비	2,000				2,000			
선 급 비 용			②2,500				2,500	
소 모 품 비			②400		400			
미 지 급 비 용				④800				800
감 가 상 각 비			⑤3,800		3,800			
비품감가상각누계액				⑥800				800
차량운반구감가상각누계액				⑤3,000				3,000
당기손익금융자산평가손실			⑥1,800		1,800			
대 손 상 각 비			⑦3,800		3,800			
대 손 충 당 금				⑦3,800				3,800
용 역 수 익				⑤50,000		50,000		
미 수 수 익			⑨500				500	
이 자 수 익				⑨500		500		
당 기 순 이 익					**275,500**			**275,500**
합계	1,421,000	1,421,000	176,800	176,800	449,800	449,800	1,240,400	1,240,400

7. 장부마감분개 및 장부마감

1) 수익과 비용계정의 장부마감

		차변	금액		대변	금액
㉠	(차)	매 출	398,800	(대)	(집합)손익	449,800
		당기손익금융자산처분이익	500			
		용역수익	50,000			
		이자수익	500			
㉡	(차)	(집합)손익	174,300	(대)	매 입	152,500
					보 험 료	500
					운 반 비	500
					급 여	5,000
					이자비용	1,000
					임 차 료	3,000
					수도광열비	2,000
					소모품비	400
					감가상각비	3,800
					당기손익금융자산평가손실	1,800
					대손상각비	3,800
㉢	(차)	(집합)손익	275,500	(대)	이익잉여금	275,500
㉣	(차)	이익잉여금	500	(대)	배 당 금	500

(집합)손익계정 (42)

차변	금액	대변	금액
㉡제 좌	175,300	㉠제 좌	449,800
㉣배 당 금	500		
㉤이익잉여금	275,000		
차변합계	449,800	대변합계	449,800

매출계정 (17)

차변	금액	대변	금액
12/31 ①제 좌	9,200	12/4 매출채권	120,000
㉠손 익	398,800	12/5 제 좌	105,000
		12/13 매출채권	75,000
		12/20 매출채권	108,000
차변합계	408,000	대변합계	408,000

당기손익금융자산처분이익계정 (20)

차변	금액	대변	금액
㉠손 익	500	12/21 현 금	500
차변합계	500	대변합계	500

매입계정 (21)

차변	금액	대변	금액
12/2 매입채무	35,000	12/31 ①매입환출	4,500
12/7 제 좌	30,000	12/31 ①상 품	180,000
12/16 제 좌	30,000	㉡상 품	152,500
12/31 ①상 품	80,000		
차변합계	175,000	대변합계	175,000

보험료계정 (24)

12/3	현 금	3,000	12/31	③선급비용	2,500
				ⓛ손 익	500
	차변합계	3,000		대변합계	2,500

운반비계정 (25)

12/4	현 금	500		ⓛ손 익	500
	차변합계	500		대변합계	500

급여계정 (26)

12/9	현 금	5,000		ⓛ손 익	5,000
	차변합계	5,000		대변합계	5,000

이자비용계정 (27)

12/1	차 입 금	200		ⓛ손 익	1,000
12/31	④미지급비용	800			
	차변합계	1,000		대변합계	1,000

임차료계정 (28)

12/14	현 금	3,000		ⓛ손 익	3,000
	차변합계	3,000		대변합계	3,000

수도광열비계정 (29)

12/30	현 금	2,000		ⓛ손 익	2,000
	차변합계	2,000		대변합계	2,000

소모품비계정 (31)

12/31	②소모품	400		ⓛ손 익	400
	차변합계	400		대변합계	400

감가상각비계정 (33)

12/31	⑤제 좌	3,800		ⓛ손 익	3,800
	차변합계	3,800		대변합계	3,800

당기손익금융자산평가손실계정 (36)

12/31	⑥당기손익 금융자산	1,800		ⓛ손 익	1,800
	차변합계	1,800		대변합계	1,800

대손상각비계정 (37)

12/37	⑦제 좌	3,800		ⓛ손 익	3,800
	차변합계	3,800		대변합계	3,800

용역수익계정 (39)

	㉠손 익	50,000	12/31	⑤선수수익	50,000
	차변합계	50,000		대변합계	50,000

이자수익계정 (41)

	㉠손 익	500	12/31	⑨미수수익	500
	차변합계	500		대변합계	500

2) 자산, 부채 및 자본계정의 마감

현금계정 (1)

차변	금액	대변	금액
12/1 자본금	200,000	12/1 임차보증금	30,000
12/5 매출	66,200	12/2 매입운임	1,500
12/15 선수수익	100,000	12/3 보험료	3,000
12/17 매출채권	58,800	12/4 운반비	500
12/21 제좌	4,500	12/7 매입	20,000
		12/9 급여	5,000
		12/10 비품	20,000
		12/11 임차료	3,000
		12/16 매입	10,000
		12/26 매입채무	4,000
		12/30 수도광열비	2,000
		12/31 차기이월	**330,500**
차변합계	429,500	대변합계	429,500
1/1 전기이월	330,500		

당좌예금계정 (2)

차변	금액	대변	금액
12/1 차입금	99,800	**12/31 차기이월**	**99,800**
차변합계	99,800	대변합계	99,800
1/1 전기이월	99,800		

상품계정 (3)

차변	금액	대변	금액
12/1 자본금	80,000	12/31 ①매입	80,000
12/31 ①매입	18,000	**12/31 차기이월**	**18,000**
차변합계	98,000	대변합계	98,000
1/1 전기이월	18,000		

매출채권계정 (4)

차변	금액	대변	금액
12/4 매출	120,000	12/17 제좌	60,000
12/5 매출	38,800	12/25 매출에누리	8,000
12/13 매출	75,000	**12/31 차기이월**	**273,800**
12/20 매출	108,000		
차변합계	341,800	대변합계	341,800
1/1 전기이월	273,800		

당기손익금융자산계정 (5)

차변	금액	대변	금액
12/1 자본금	40,000	12/21 현금	4,000
		12/31 ⑥당기손익금융자산 평가손실	1,800
		12/31 차기이월	34,200
차변합계	40,000	대변합계	40,000
1/1 전기이월	34,200		

소모품계정 (6)

차변	금액	대변	금액
12/6 미지급금	1,000	12/31 ②소모품비	400
		12/31 차기이월	**600**
차변합계	1,000	대변합계	1,000
1/1 전기이월	600		

임차보증금계정 (7)

차변	금액	대변	금액
12/1 현금	30,000	**12/31 차기이월**	**30,000**
차변합계	30,000	대변합계	30,000
1/1 전기이월	30,000		

비품계정 (8)

차변	금액	대변	금액
12/10 제좌	50,000	**12/31 차기이월**	**50,000**
차변합계	50,000	대변합계	50,000
1/1 전기이월	50,000		

차량운반구계정 (9)

차변	금액	대변	금액
12/1 자본금	400,000	**12/31 차기이월**	**400,000**
차변합계	400,000	대변합계	400,000
1/1 전기이월	400,000		

차입금계정 (10)

차변	금액	대변	금액
12/31 **차기이월**	**100,000**	12/1 제좌	100,000
차변합계	100,000	대변합계	100,000
		1/1 전기이월	100,000

매입채무계정 (11)

차변	금액	대변	금액
12/11 매입환출	6,000	12/1 매입	35,000
12/26 현금	4,000	12/7 매입	10,000
12/31 차기이월	**55,000**	12/16 매입	20,000
차변합계	65,000	대변합계	65,000
		1/1 전기이월	55,000

미지급금계정 (12)

차변	금액	대변	금액
12/31 차기이월	**31,000**	12/6 소모품	1,000
		12/10 비품	30,000
차변합계	31,000	대변합계	31,000
		1/1 전기이월	31,000

미지급배당금계정 (13)

차변	금액	대변	금액
12/31 차기이월	**500**	12/31 배당금	500
차변합계	500	대변합계	500
		1/1 전기이월	500

선수수익계정 (14)

차변	금액	대변	금액
12/31 ⑧용역수익	50,000	12/15 현금	100,000
12/31 차기이월	**50,000**		
차변합계	100,000	대변합계	100,000
		1/1 전기이월	50,000

자본금계정 (15)

차변	금액	대변	금액
12/31 차기이월	720,000	12/1 제좌	720,000
차변합계	720,000	대변합계	720,000
		1/1 전기이월	720,000

배당금계정 (16)

차변	금액	대변	금액
12/31 미지급배당금	500	㉣ 이익잉여금	500
차변합계	500	대변합계	500

선급비용계정 (30)

차변	금액	대변	금액
12/31 ③보험료	2,500	**12/31 차기이월**	**2,500**
차변합계	2,500	대변합계	2,500
전기이월	2,500		

미지급비용계정 (32)

차변	금액	대변	금액
12/31 차기이월	**800**	12/31 ④이자비용	800
차변합계	800	대변합계	800
		1/1 전기이월	800

비품감가상각누계액계정 (34)

차변	금액	대변	금액
12/31 차기이월	**800**	12/31 ⑤감가상각비	800
차변합계	800	대변합계	800
		1/1 전기이월	800

차량운반구감가상각누계액계정 (35)

차변	금액	대변	금액
12/31 차기이월	**3,000**	12/31 ⑤감가상각비	3,000
차변합계	3,000	대변합계	3,000
		1/1 전기이월	3,000

대손충당금계정 (38)

차변	금액	대변	금액
12/31 차기이월	**3,800**	12/31 ⑦대손상각비	3,800
	3,800	차변합계	3,800
		1/1 전기이월	3,800

미수수익계정 (40)

차변	금액	대변	금액
12/31 ⑨이자수익	500	**12/31 차기이월**	**500**
차변합계	500		500
1/1 전기이월	500		

이익잉여금 (44)

차변	금액	대변	금액
㉣ 배당금	500	㉢ 손 익	275,500
12/31 차기이월	**275,000**		
차변합계	275,500	대변합계	275,500
		1/1 전기이월	275,000

8. 재무제표

재무상태표

(주)부경물산 20×1.12.31 현재 (단위: 원)

자 산:			부 채:	
현금		330,500	차입금	100,000
당좌예금		99,800	매입채무	55,000
상품		18,000	미지급금	31,000
매출채권	273,800		미지급배당금	500
대손충당금	(3,800)	270,000	선수수익	50,000
당기손익금융자산		34,200	미지급비용	800
소모품		600		
임차보증금		30,000		
비품	50,000		**자 본:**	
비품감가상각누계액	(800)	49,200	자본금	720,000
차량운반구	400,000		이익잉여금	275,000
차량운반구감가상각누계액	(3,000)	397,000	**(당기순이익 275,500)**	
선급비용		2,500		
미수수익		500		
자산 총계		1,232,300	부채와 자본 총계	1,232,300

손익계산서

(주)부경물산 20×1.1.1.~20×1.12.31. (단위: 원)

비용		수익	
매출원가	152,500	매출	398,800
보험료	500	당기손익금융자산처분이익	500
운반비	500	용역수익	50,000
급여	5,000	이자수익	500
이자비용	1,000		
임차료	3,000		
수도광열비	2,000		
소모품비	400		
감가상각비	3,800		
당기손익금융자산평가손실	1,800		
대손상각비	3,800		
당기순이익	**275,500**		
비용 및 당기순이익 총계	449,800	수익 총계	449,800

– 찾아보기 –

저자 약력

김확열
부경대학교 교수

최상문
부산대학교 명예교수

회계원리

초판 발행 2018년 2월 25일
2판 발행 2020년 3월 10일
3쇄 발행 2023년 7월 17일

지은이 김확열, 최상문 / **펴낸이** 전태호
펴낸곳 무역경영사 / **주소** 서울시 서대문구 연희로2길 62 한빛아카데미(주) 2층
전화 02-336-7112 / **팩스** 02-336-7199
등록 2021년 6월 28일 제2021-000062호 / **ISBN** 978-89-468-0706-8 93320

총괄 김현용 / **책임편집** 김현용 / **기획 · 편집** 권오상 / **진행** 권오상
디자인 박정화 / **전산편집** 박지실 / **제작** 박성우, 김정우
영업 김태진, 김성삼, 이정훈, 임현기, 이성훈, 김주성 / **마케팅** 길진철, 김호철, 심지연

※ 2021년 7월 1일부로 한빛아카데미(주)가 무역경영사의 영업권을 인수하였습니다.

이 책에 대한 의견이나 오탈자 및 잘못된 내용에 대한 수정 정보는 아래 이메일로 알려주십시오.
잘못된 책은 구입하신 서점에서 교환해 드립니다. 책값은 뒤표지에 표시되어 있습니다.
홈페이지 www.hanbit.co.kr / **이메일** question@hanbit.co.kr